AF441186

Fusión de ángeles

Fusión de ángeles

E. Vilmore

Twitter: https://twitter.com/LAHORADEMIMENTE
Facebook: https://www.facebook.com/evilmore.vilmore
Otros libros "Una historia demente": https://t.co/ZSMFuFqvfG?amp=1

Título: *Fusión de Ángeles*
© 2020, E.Vilmore

De la maquetación: 2020, Romeo Ediciones
Del diseño de la cubierta: 2020, Crenzo Covers
De las ilustraciones interiores: 2020, (autor de las ilustraciones)
De la corrección: 2020, María Arribas

Primera edición: Agosto de 2020

Impreso por Amazon
Impreso en España

ISBN-13:
Depósito legal:

*Para toda la gente que se siente extraña en un mundo que
no eligió. Para todos mis ángeles en vida y los que ya no están.*

Índice

INTRODUCCIÓN

No siento nada, intento cambiar ese sentimiento de vacío, aunque nada lo logra. Busco en la verdad, en el pasado, también en el futuro próximo y por supuesto, en el presente. Sin embargo no soy capaz de encontrar consuelo. El pozo en el que me hallo está sin agua, no dejo de luchar para sacar, aunque sea un poco, para que sea la gran salvadora de mis sentimientos. Quiero vivir, no tengo duda alguna de que es lo que quiero, no obstante no logro encontrar el sentido a ese querer. Me pregunto si en realidad soy feliz, si todo lo que he hecho en esta vida es lo que me ha llevado a esta situación. Esa en la que no me importa cómo acabe todo, pues solo me ata aquí el dolor que sentirían mis progenitores y, el amor que me proyecta la gente a la que sé que le importo.

No quiero morir, aunque tampoco encuentro el significado de todo el viaje que me queda por descubrir. Las cosas que antes me alegraban, esas que le daban poder y sentido a la vida, ahora las encuentro banales. Te prometo, que hago lo imposible para hallar un atisbo de ese sentimiento que tanto llenaba en mi fuero interno, pero no lo consigo. Se quedó olvidado en el pasado junto con las instrucciones de ese procedimiento tan necesario y a la vez tan efímero. Lloro sin motivo, tampoco le veo sentido a esas lágrimas, sin embargo salen solas, buscando seguramente una explicación a todo lo que intento sentir y, un reencuentro con esa persona que ya no tiene cabida en mi mundo subjetivo.

El precipicio cada vez es más alto, el vértigo a que no pueda volver a la normalidad me sorprende, pero no me asusta. Al contrario, parece gustarme el hecho de vivir sin miedo al final de mi existencia. Solo sonrío cuando pienso en la gente que es mágica; es muy poca, aunque para mí son ángeles en vida. Nada ni nadie tendría derecho de quebrarlos, son como reliquias que muchas veces parecen solo leyendas, sin embargo existen. Viven cerca de todos, pero pasan más desapercibidos en la mayor parte de las etapas del camino, aunque desprenden luz dentro del micro mundo que los rodea. Ahora mismo solo de pensar, no puedo detener el llanto que tanto quisiera poder controlar. No soy dueña de mi propio ser, alguien más tomó el control de la máquina perfecta que es el ser humano. Al fin y al cabo, solo soy una mota de polvo a punto de ser absorbida por un gigantesco aspirador, descontaminando el planeta de la insignificancia que estorba sin hacer apenas ruido.

Grito con todas mis fuerzas, pues es tanta la potencia de estos que se hacen sordos para los oídos del resto de la humanidad, deseo y necesito ser escuchada. Quiebro mi piel y dejo rastros por donde paso para que la gente entienda mi dolor, pero no toda, sino aquella que se suscribe a la misma realidad de la que yo quiero salirme. Por desgracia pocas personas acceden.

Vivo con la necesidad de la sabiduría absoluta, intentando proyectarme a todos los niveles, pero es imposible para un humano y, eso me hace llegar a un estado de nerviosismo tal, que me lleva más cerca de la desconexión. Todas las noches pregunto a quién me escucha el porqué de tantas historias que solo unos pocos pueden vivir, los giros de la vida en cada uno de los seres perfectos a sus ojos y, entender un ápice de algunas personalidades.

A veces, pensamos que todo tiene una solución y seguro que es así, pero cuando las fuerzas van flaqueando nos alejamos por completo de las respuestas. Ya ni tan siquiera las queremos, porque tenemos la seguridad de que el ser humano está mancillado por los surcos en los que debe de fluir, para encajar a la perfección en la ceguera de la normalidad.

Como despedida en todos los sentidos de la palabra, os voy a escribir mi último libro. En él expresaré todos mis sentimientos para poder vaciarme por dentro e irme sin mucha carga, al sitio donde quizás todo termine, para intentar organizar mi mente y dejarme al fin, al corriente de la verdad sobre lo oculto.

CAPÍTULO I

ÁNGEL JOVEN I

Sentía mucha tristeza viendo que el mundo al que pertenecía no la cuidaba. El rostro se le desfiguraba al no poder contener las lágrimas. La depresión le quemaba el alma, pero no era un fuego que se apaciguara con el tiempo, era algo más, como un dolor crónico imposible de sanar. Su piel rasgada era la única capaz de expresar todo lo que sentía en su fuero interno, ninguna palabra rebelaba al mundo, ni tan siquiera un atisbo de la verdad más absoluta. Gritos internos intentaban abrirse paso bajo el imposible. La ayuda no llegaba y la vida no hacía nada en absoluto para cuidar al ángel. Cada segundo que transcurría flagelaba la poca esperanza de esa niña.

«Quiero que termine ya, por favor», se decía día tras día, pero esas palabras no hacían más que acrecentar la desesperación de lo inalcanzable. La secuencia de sacudidas empeoraba, ni tan siquiera viendo a un ser puro en esas circunstancias llegaba al corazón de los hijos de Dios. Risas diabólicas y complots para perturbar y quebrar la frágil alma se secuenciaban, jactándose de su horrenda obra, haciendo caso omiso a la empatía. Esa que era tan necesaria en todas y cada una de esas criaturas, que no entendían que las siguientes víctimas podrían llegar a ser ellas.

En la penumbra de la noche, solo ahí se sentía segura, imaginaba un excelso mundo en el que las piezas del puzle encajaban de forma perfecta. Pedía a las estrellas fugaces que le concedieran el sueño eterno, para poder estar siempre en la seguridad y la paz que solo su mente la podía obsequiar. La capacidad de cuidar a las demás almas librándolas del sufrimiento que les podía causar su confesión, la enmudecían.

Sus creadores, fuera del mundo imperfecto de su obra, seguían ciegos participando en la rutina con un espacio tiempo muy distinto del que figuraba a escasos metros.

Quería retener cada segundo de libertad. Intentaba llamar al aburrimiento para que las horas transcurrieran más despacio, y así no volver al infierno que todos los días le era imposible evitar. Cuando el sueño acariciaba sus párpados en contra de su voluntad, la llevaba a la tortura de rememorar el pasado próximo, pesadillas repletas de sudor y poco descanso. Vivencias reales empeoradas, a causa del miedo que la acuchillaba. Pocos eran los sueños felices de vivencias olvidadas, la felicidad era algo próximo a una leyenda, donde a la princesa ya se le había terminado la historia.

Los segundos se esfumaban a una velocidad exagerada al llegar a esos escasos momentos de tranquilidad, antes de volver a afrontar el inevitable calvario. Pensaba en los educadores riéndose con sus colegas y malviviendo entre tanta maldad. Eran muebles ciegos sin vida, como si su falta de vocación les nublara la vista a lo evidente. No cesaban las quejas y miradas tristes, junto con sus bajas notas desde hacía varios meses, símbolos que todo protector debería de interpretar y descifrar, sin que las palabras de un ser destrozado tuvieran que ser vomitadas.

Al fin despertó de los dos días de vida, que había conseguido alargar hasta romper lo elástico de todos los segundos.

El corazón trabajaba a máxima velocidad, tanto que el aire no se almacenaba correctamente. Todo estaba en tal tensión que necesitaba apaciguar los pensamientos engañándose a sí misma, con diapositivas que cada vez eran más tenues. «Tú puedes», se decía entre dientes, mientras el valor sobrehumano le ayudaba a alistarse para la guerra. Las ojeras las disfrazaba como la pintura de los soldados, el petate estaba listo lleno de conocimientos para ir a aprender esquivando las balas. La ropa disimulaba su presencia y su descontento. Incluso al verse reflejada en el espejo, se imaginó un mundo paralelo donde ella podía vivir sin luchar como era lo ideal a su temprana edad.

Su madre le guardaba la bolsa con la comida para sus contrincantes. El hambre aun teniéndolo todo planeado, se acrecentaría durante el día. El recuerdo del robo y el disimulo para con sus padres la alimentarían al regresar del infierno. Ella con una mueca inventada contentó a sus progenitores, al tiempo que su corazón luchaba contra sus piernas, para abandonar la única casilla a salvo que le resguardaba de la crueldad.

Sorteando todo tipo de obstáculos puestos en las calles a modo de competición, llegó próxima al monstruo con ruedas, ese que cinco días a la semana la llevaba contra su voluntad. No quería acercarse más, pero el dueño de la criatura la señaló y, sin darse apenas cuenta, la niña fue devorada hasta lo más hondo de las entrañas.

Viajando dentro del monstruo no se atrevía a subir la mirada, el miedo a ser visualizada por los virus de sus entrañas, la hacían parecer una inadaptada. Todo estaba lleno de seres devorados que estaban estratégicamente posicionados, en tanto eran inmunes del calvario en el que se encontraban. Es posible que vivieran en una realidad distinta y, hacían caso omiso a la historia cercana de su compañera por miedo.

Quizás también por el hecho de juntarse luego con los virus para no ser detectados, dentro de la maldad en la que serían partícipes tanto unos como otros.

Se escuchaban algunas risas, la mayor parte eran por anécdotas que no afectaban a la protagonista de la historia, aunque algunas de esas burlas entre dientes viajaban hacia ella haciéndole temer incluso a sus propios compañeros. Todas las risas, hasta las extraviadas que no chocaban contra ella, las absorbía al vuelo, mientras su cabeza seguía agachada y su mirada fija en la columna vertebral del cómplice del trayecto.

El monstruo se detuvo, la joven cerró los ojos con fuerza pidiéndole a Dios que se encontraran a medio camino, deseando que la bestia se hubiera quebrado alguna pata para poder salir de su calabozo y así huir hacia donde nadie la encontrara jamás. Pero, a pesar de que eso podía llegar a ser una alegría para el ángel, al abrir los ojos la realidad la aplastó. Se le aceleró el corazón al ver lo que tanto temía. Se encontraban en la guarida del mal, donde todos los días tenía que pasar por el examen de la mente de la condición humana desatada, sin ningún tipo de supervisión. Sabía que lo lograría, aunque no sin llevarse grandes recuerdos, que luego tendría que ocultar bajo sus ropajes para que nadie se enterara de que su enseñanza, se basaba en el disimulo de lo que le provocaban los virus de la enfermedad instaurada en el lugar del culto. A veces, se preguntaba dentro de su ignorancia, si todo aquello eran pruebas de un ser divino o simplemente su misma persona era la culpable por actuar de forma distinta. Sin embargo, dentro de su alma era consciente de que nada de eso atesoraba sentido alguno, pero no importaba, alguien debía de acarrear con la pena de algo que no era lógico que fuera así.

El sudor inundaba el cuerpo de la frágil muñeca, mientras los pasos tímidos la llevaban contra su voluntad dentro de la cárcel de máxima seguridad, contrarios en lo que la huida propia se refería, no se respiraba nada de seguridad en su interior. Las carceleras eran conscientes de los delincuentes más peligrosos, aunque nadie se hacía cargo de poner la vacuna para exterminar la enfermedad, ya que los problemas no cubrían sus holgados pagos a final de mes...

Una vez en el interior, el cerebro empezaba a acostumbrarse a lo que serían de nuevo diapositivas de sus peores pesadillas, grabando y dejando congelada la grabación, cuando no interesara el contenido para su propia tortura. Evitaba mirar a su alrededor, quizás si solo se fijaba en el suelo y se dirigía sigilosa, como si fuese transparente dentro del circuito hasta llegar a su celda, evitaría el sufrimiento de los primeros minutos, pero qué sorpresa la suya cuando empezó a encontrarse mal. El sudor frío volvió, las piernas le flaquearon y la temperatura de su cuerpo empezó a subir, como si la hubieran puesto dentro de un microondas sin temporizador. Estaba al borde del desmayo, aunque sabía que su cuerpo no le permitiría esa victoria; su propio ser la haría luchar contra su propia voluntad y deseos. Incluso él estaba en su contra. Se odiaba tanto a ella misma, que ya era imposible volver a reiniciar todos los conceptos de su memoria interna.

Visualizó al virus, a su alrededor se encontraban las células infectadas luchando a su favor, para no terminar con la misma sentencia que acarreaba ella por muchos meses. Las entendía y hubiera dado lo que fuera para poder estar en su situación. No obstante, ella no era una de ellas, sino el anticuerpo debilitado a causa de una alergia, que se había extendido en demasía por toda esa simbiosis de distintas especies. Era imposible luchar contra lo imposible, simplemente deseaba que la capa invisible que intentaba de poner en funcionamiento al fin surgiera efecto, pero como era de esperar, no se puso en marcha. El virus se acercó junto con toda su pandilla y la empujó intentando infectarla, sin embargo, ella haciendo caso omiso a su embestida intentó esquivar la telaraña, pero era demasiado pegajosa y, se encontró con una de las células infectadas. Esta sin contemplación alguna imitó al virus para pasar desapercibida, quebrando toda esperanza. La tan aborrecida llamada de atención acústica hizo que todas cesaran, librando a la tan solitaria bondad. Así tenía inmunidad durante varias horas, para poder empaparse de la sabiduría que pocos disfrutaban y absorbían, como la niña ajusticiada. En los últimos tiempos no era mucha la atención que podía dedicarle a tan necesaria tarea, por culpa de la temible enfermedad que de bien seguro la esperaba durante los espacios muertos.

«Señora educadora, no soy ni seré la única que ve pasar por su lado, sin que se dé cuenta del motivo de mi mirada barriendo el suelo. No, hay muchas y muchos que terminan enfermos por una enfermedad, que a simple vista no tiene síntomas para postrarte en cama y quedarte en casa. Los síntomas, te llevan todos los días a la lucha de volver a enfermarte delante de lo que usted debería ser: una defensa para el delicado cuerpo repleto de células que no saben cómo salir de una invasión del más mortífero virus. Necesitan que usted las ayude. Créame, no suplico, no pido, no hablo; por eso creo, que esos motivos son la voz que usted debería de escuchar. ¿Acaso no ha estudiado para proteger a las células débiles y corregir a los virus para que el sistema vivo siga siendo seguro? Escuche mi silencio y mire la realidad a su alrededor. No soy una sola la que grita en silencio, ¡somos miles! No deje que algo que se le da bien y para lo que la han formado, termine con lo que podría ser una salud de hierro. Quítese la venda y ponga atención a los gritos sordos, de lo contrario llegará el día en que la poca profesionalidad amargará su vida. Verá el noticiario diciendo que hay una epidemia, que ha costado

la vida de alguna célula que pasó desapercibida. Ayúdeme por favor…»

Superó de nuevo la densidad de los obstáculos del día, no con la alegría de quien gana o consigue terminar una etapa en un deporte de élite. La amargura seguía creciendo, gritaba durante toda la salida, pero una vez más nadie la escuchaba. Miraba al cielo pidiendo que el creador oyera los ruegos de paz que necesitaba, para seguir queriendo construir un futuro dentro de las leyes naturales de la vida. Quería y necesitaba llorar, sin embargo no acudía la humedad a sus ojos. El desierto de la desesperación anunciaba que el dolor estaba demasiado arraigado rechazando la petición. Nada le prestaba atención ni le otorgaba lo que deseaba en cada instante. Se sentía tan insignificante y despreciable, que lo único que anhelaba era llegar a la casilla de la salvación, para no volver a ser devorada durante unas horas por sus contrincantes.

Esta vez el monstruo no dibujaba una apariencia malévola, sino todo lo contrario, el camión de bomberos estaba repleto de esperanzas. Sin pensarlo un instante y a pesar del dolor de los golpes físicos y del alma, siguió caminando hasta que de la puerta salió un hombre de apariencia afable llamándola por su nombre. La cogió de la mano ayudándola a subir los pocos peldaños que tenía el vehículo, después la escoltó hasta llegar al asiento asignado para las princesas de cuento. Muy amable, le regaló una hilera de dientes perfectamente encajados, la cual hizo que a la bella niña por primera vez en mucho tiempo, se le dibujara una mueca anunciando una tímida sonrisa repleta de verdad y de agradecimiento. El fuego del alma por mucho tiempo extinto volvió a calentarse durante unos instantes, haciendo ver al ser de luz que la esperanza se podía mantener. No se barruntaba que fuera una chispa eterna, aunque el mero hecho de sentir de nuevo la olvidada felicidad le hizo reiniciar unos pocos megabytes de su mente. La felicidad enmascaraba todo el dolor. Las luces y las risas volvían a estar de su lado, todo el mundo a su alrededor eran seres de luz compartiendo un viaje placentero lleno de destellos rosas y púrpuras. Era extraordinario lo que la razón le podía regalar delante de sus ojos, transformando las sensaciones en proyecciones hechas a medida para su gran órgano de vida.

Las luces y las sirenas la llevaban al estado de éxtasis, estaban cercanas a extinguir el incendio que crecía en sus entrañas, pero con rapidez todo se esfumó. Las sirenas se convirtieron en meros ruidos del motor y, un leve chirrido de los frenos la despertaron, percatándose que había llegado a su destino. Estaba a unas cuadras de su casilla de salvación, tenía justo la tirada para llegar a salvo sin ningún obstáculo que la pudiera llevar por muchas horas a ser engullida por otra ficha contraria.

Al llegar a la casilla de salvación, sus progenitores la recibieron como si intuyeran el dolor, apapachándola como si del regreso de un secuestro se tratara. Se sentía tan a salvo con los sentimientos proyectados en ambas direcciones, que hubiera detenido el maldito invento que poseía manecillas para calcular el tiempo, solo para poder concebir la eternidad del sentimiento de seguridad suprema.

Alimentó su alma con los diminutos chispazos agradables del día, para acto seguido nutrir al ser mortal con productos orgánicos. Luego se encerró dentro de su cueva, esa madriguera donde podía manifestar y extraer todo lo que en su interior estaba por estallar. Por culpa de la maquinaria encerrada en su cráneo, el fuego apaciguado con anterioridad por el simpático bombero, ahora revivió con una fuerza aumentada por el telescopio de la realidad. Sacó a su fiel amiga de lo más profundo del último cajón de la caja fuerte que hablaba por sí sola; esta contenía los poemas amargos que necesitaba plasmar de manera casi espontánea, para aliviar la presión de la compresión que cargaba después de hundirse en la profundidad de la depresión.

Al fin asomaron varias gotas de agua salada de su interior. La sequedad se terminó y el cuerpo actuó libre, sin control alguno, reviviendo las experiencias del día y de toda su vida. Sintió que era la culpable del problema, aunque no llegaba a asimilar de dónde surgía, quizás, se dijo a sí misma que en vidas anteriores se ganó a pulso lo que se merecía en esta. Le urgía liberar tensión y sus poemas no acudían a la salvación del próximo paso. Con habilidad deslizó a su amiga sobre su piel, abriéndose paso y quebrando las células cutáneas, separándolas y dividiéndolas para formar un pequeño surco, que le proporcionara la suficiente paz a través del dolor que tanto requería. Cada deslizamiento le quitaba presión y la llevaba a otro espacio-tiempo, donde solo gozaba de la felicidad que se le otorgaba de forma natural por su temprana edad. La maldad estaba exenta de poder. El manto lleno de flores que envolvían toda la escena la acariciaban y cosquilleaban, haciéndole sentir sensaciones que alcanzaba a saborear, brotándole de su perfecta caja de resonancia, sonrisas celestiales olvidadas en el terreno natural. Sus creadores estaban junto a ella, susurrándole el amor que le tenían por el mero hecho de ser una luz en medio de tanta oscuridad. Al alcanzar la suficiente paz dejó la tarea, escondiéndola bajo los ropajes que guardaban con discreción toda evidencia de sus sentimientos. Le encantaba la soledad donde ella era dueña de la seguridad.

El disimulo muy ensayado y practicado surgió efecto de nuevo en todo el proceder, hasta la llegada de la penumbra del transcurrido día.

Su progenitora al pasar cerca de la habitación irrumpió en ella y, en forma de despedida le besó la suave piel que cubría su frente. La arropó proporcionándole una sensación de amor, que la trasladaba desde la infancia hasta el presente, dibujándoseles unas sonrisas de complicidad entre ambas, algo único y perfecto. Era una de las pocas cosas que la descripción en palabras no se podía adueñar. El miedo esperó detrás de las cortinas, hasta que el recuerdo de la realidad alcanzó el entendimiento y, como si de un fantasma se tratara, penetró dentro del alma de la pequeña asustándola, pero concediéndole una corteza para transformarla en una criatura más dura. No tenía bastante con la tortura que vivía todos los días, por lo que su gran amiga, la imaginación, le revivía una y otra vez las situaciones más dantescas. Tanto le gustaba, que su alma apagaba las esperanzas de la vida y le ayudaba a tomar decisiones en contra de su propia voluntad. Era un animal encerrado dentro de una jaula, a punto de ser desollado para la pronta cesión de su alma.

De nuevo, la droga que desgarraba su epidermis le proporcionaba unos segundos de desasosiego. La culpa ya asumida, distorsionaba la realidad por momentos y solo en ese instante era capaz, de recordar el principio de la enfermedad. Un solo desencuentro con una pequeña herida propiciada al chocar con la figura del diablo, había desencadenado el delito con cadena perpetua que a ella se le antojaba inexplicable. Buscaba desde todos los campos de la ciencia, los recovecos por ínfimos que fueran para analizar el error que estaba destrozando lo que algunos llaman alma. A ella se le antojaba que en realidad solo es un vacío que de estar exento de esperanzas, lleva hasta al más valiente al abismo.

Escondió su alivio en el cajón de la cómoda y acariciando su fina aunque maltrecha piel, se dejó atrapar por el cansancio de la lucha de su materia gris. Esa fue una de las pocas noches que el descanso fue renovador, durante ese espacio de tiempo varios sueños acudieron en su ayuda. En cada uno de ellos hallaba la solución a todos sus problemas, incluso sus ojos humedecieron la esperanza en forma de gotas saladas, resiguiendo y acariciando los surcos que ya se habían formado por la erosión de tanta aflicción, sin embargo esta vez, la alegría empezaba a surgir efecto.

"Un ser celestial llegado de lo imposible, se posó a pocos centímetros de su protegida. Era algo parecido a un ángel transmitiendo paz a la parte más bondadosa, la cual era la protagonista de la creación de la escena. Las palabras se sucedían como por arte de magia impregnando con esperanza, todo el ser incomprendido durante tanto tiempo. Al fin todo cobraba sentido. Cada sonido en forma de música clásica se convertía en antibiótico, consiguiendo que sanara, mientras acariciaba la verdad. El mismo creador estaba emocionado de ver que entre hermanos todo era posible, e incluso lo que parecía imposible se estaba creando, reconstruyendo la sonrisa y el músculo que alberga la vida de la mayor parte de los seres de la creación.

Todo era tan mágico, que la metamorfosis hizo que la belleza interior arrancara la piel y las entrañas abriéndose paso resurgiendo, dejando el antiguo disfraz olvidado en el camino del pasado. La apariencia visual era inalcanzable en todo el universo, la visión se volvía loca al no entender la perfección de lo incomprensible. Si eso era la bondad pura, sin duda alguna nadie llegaría a dicho nivel.

Todas las palabras quedaron grabadas a fuego en el entendimiento del ser máximo. Al fin la chica restaurada poseía todas las claves de la felicidad y la transformación del futuro. Se sentía tan bien, que de repente el sueño llegó a su fin. El que era su guardia se desvaneció dejándola de forma pausada de vuelta a la realidad, accionándole el músculo precursor de la luz al abrir las puertas de las dos almas separadas por la anatomía."

El recordar del tiempo no se sentía próximo a un despertar de ese calibre, el calor en forma de hormigueo estallaba en todo el cuerpo de la niña. La sonrisa dibujaba un rostro tan hermoso que ni los creadores la hubieran reconocido, al fin era quien debía de ser. Su nombre era poco importante en el presente y futuro próximo, aunque podría llegar a ser alguien conocida a nivel mundial, solo por la grandeza de su aura, pero las alegrías suelen ser efímeras, por lo que poco a poco volvió la sombra de la realidad, al sentarse en un extremo de la cama. La sonrisa se fue disipando, mientras las palabras del pasado próximo se quedaron en el olvido dejando un ligero recuerdo, exento de la solución a todos sus problemas. Luchaba con todas sus fuerzas para recordar, apretó sus ojos con todas sus fuerzas, incluso las que no había descubierto hasta ese preciso instante, sin embargo todo estaba extraviado. El simple sentimiento de derrota invadió todo lo que se había llenado de júbilo, convirtiéndolo de nuevo en carbón resultante de la afligía de todas sus pesadillas.

Se agarraba a las telas que la cubrían durante la noche con fuerza, para que nadie pudiera arrancarla de la seguridad de su cuarto, ese en donde nadie puede hacerte retroceder hasta la casilla inicial. No obstante, por muy tentador que eso sonara, en palabras de una niña que intenta volver a iniciar su propia vida para no cometer los errores que se auto adjudicaba, su entendimiento le advertía que aquello no era ningún juego.

La vida se le perdía todos los días que salía de su casa para hacer frente a la condena diaria. Detestaba los rostros que su mente le proyectaba, pero esa niña era fuerte, tanto que a pesar de sus problemas se levantó y con la imagen de sus padres tranquilos hizo frente a otro reto. No se podía permitir levantar sospechas, ni se sentía con el derecho de confesar.

Se volvió a tumbar en forma de estrella de mar esperando el llamado de su creadora para iniciar la rutina que tan poco deseaba, y al fin llegó sin darle mucho chance. Al levantarse miró en su cajón, se dispuso a ponerse la máscara que todos los días necesitaba escondiendo la verdad de su rostro. Se duchó, para que todo el pesar de su triste vida se escurriera por el desagüe y, al fin saliendo de su cueva, se encontró frente a frente con las pocas personas que le regalaban unas sonrisas sinceras. Ella no podía regalarles lo mismo, les daba algo fingido, aunque de la mejor calidad posible.

Ellos, inmersos en sus problemas, eran ciegos y conformistas a la felicidad escondida en el dolor de una niña que no quería causar ningún tipo de problema, para no complicarles sus andares en este mundo y porque le daba vergüenza aceptar que no era digna de ser alguien normal y terrenal. ¿Cómo les podía contar las realidades y relatarles que no seguía en la escuela, sino que su aprendizaje era en el purgatorio? Nunca lo hubieran aceptado y la declararían culpable de ir en contra de Dios o de ser demasiado próxima a él.

A la niña le cargaron las baterías para que saliera con ánimos y fuerzas renovadas hacia su trayecto. Fue un recorrido tan tétrico como los de siempre, aunque esta vez se le vino una idea de las que nunca surgen efecto, pero que se hallaba en lo más hondo de la desesperación.

CAPÍTULO II

ÁNGEL MAYOR I

El paisaje que le reflejaban sus almas era hermoso, pero a la vez perturbador. El desconcierto era acrecentado por las dudas de su propia persona, no entendía el fin de ese viaje ni tan siquiera el porqué de su exenta vida, por completo ausentada de la mente. Todos los conocimientos estaban dañados y se barruntaba que jamás regresarían, la amnesia permanente le provocaba el llanto suave del no entender. Buscaba sin cesar alguna explicación de su paradero, pero le era imposible, el nombre que de seguro siempre la acompañó, también se había ido de vacaciones sin previo aviso. Hubiera dado lo que fuera por ver su rostro reflejado, para darle alguna pista de quién era el dueño del cuerpo que poseía. Eran miles las preguntas, sin embargo mientras se las hacia el olvido se reía de ella y se las borraba a una velocidad estrepitosa. Se quedaba mirando al horizonte con miedo de avanzar, puesto que alguien la había dejado ahí, como quien pone una ficha en un tablero de ajedrez, aunque la finalidad del juego no se hallaba en las instrucciones de su vida. Los pies temblorosos le permitían intuir que alguna enfermedad le podía haber acarreado esos problemas actuales, pero si ni tan siquiera recordaba la palabra que terminaba de pensar tampoco podría determinar los problemas de salud de su carcasa. Al ver su piel destensada por el pasar del tiempo se percató de su avanzada edad. El desconcierto se juntó con una risa alocada. La soledad estaba aguardando sigilosa sin darle ninguna respuesta, esas que le serían tan necesarias. Pasaron segundos, minutos e incluso horas y se dispuso a seguir un camino que de muy seguro, le sacaría la venda de sus ojos. Eso era lo que necesitaba infundir a su corazón para no terminar con su esperanza.

El tiempo no se detenía para auxiliar a la gran mujer, el viento era el único que acariciaba con suavidad sus pasos, dándole el consuelo que nunca llegaría a tener en cuenta. El cielo se tiñó de negro y la penumbra se instauró, la anciana a punto de morir en términos de las sensaciones del miedo, detuvo sus errantes pasos e intentó descansar, pero no recordaba quién era el responsable de apagar las luces. Las mismas preguntas del principio le invadieron la mente, un reinicio de la poca memoria se proyectó.

El abandono fue la sensación que sentía más próxima, la ceguera momentánea la encarcelaba en un lugar que no existía en ningún mapa. El sueño le regaló una tregua, el cansancio la dejó como un zapato en medio del salón, sin dueño ni rumbo. Dios acudió a la mente de la anciana, aunque no se la restauró puesto que el fin de la amnesia era un propósito, solo le dejó consuelo momentáneo a la dañada memoria; uno en forma de imágenes próximas al encuentro con la sabiduría del absoluto. Al salir de sus sueños subió el termostato del ambiente un par de grados más, para que a la frágil mujer no le atrapara la ausencia de calor. El trozo de tela en forma de chaqueta que yacía en el suelo, con un movimiento del azar fue posado cubriendo las delicadas y enfermas piernas de la fragilidad en persona.

El amanecer acarició con suavidad los párpados de la bella durmiente, despertándola de un descanso muy necesario.

Al incorporarse, todos los huesos y músculos se quejaron de la posición desacertada.

Todo estaba vacío, las preguntas acudieron raudas a su encuentro, pero de nuevo las respuestas se ausentaron. Anduvo hacia lo que parecía un camino estrecho, donde algunos seres humanos pasaron consumiendo energías en forma de deporte. A la anciana, apenas le quedaban fuerzas para detener a alguna de las sanas criaturas, no obstante a pesar de la poca energía, la desconfianza para con ellos, la hacían estar recelosa de exponer sus problemas. Por la afluencia de gentío, poca era la distancia que la separaba de la civilización, pero la escasa fluidez mental le hacía imposible atar cabos. Su velocidad y su falta de orientación mareaban sus sentidos, las horas de desaparición se ampliaban, las necesidades básicas acudían sin permiso y ella temerosa de lo desconocido aguantaba lo que buenamente podía.

«Mi amor, te amo.»

Una voz familiar salió de su cabeza de forma espontánea. A la ausentada mujer se le encendió por un segundo uno de los fusibles y, las imágenes de su esposo le llenaron los ojos de lágrimas y el corazón de fuego. Al fin recordaba a su acompañante, no podía ignorar ese tono de voz, esperó inmóvil con los audífonos bien agudizados para cerciorarse, y de nuevo se le aceleró el corazón.

«Estoy aquí, mi vida, ayúdame». De nuevo, la insistente voz llena de cariño y súplica le vendó los ojos.

—Ahí voy, amor mío, espérame —dijo, con un tono repleto de una ilusión casi infantil en su voz.

Presta, la protagonista de la escena, siguió la voz del eco de su razón de vivir entre la maleza, las fuerzas regresaron fruto del amor; ese sentimiento que puede crear lo inimaginable. Ese era su momento más feliz o mejor dicho, el que recordaría con mayor grado de felicidad. Las ramas arañaban la tan vivida piel haciendo brotar líquido de vida en pequeñas cantidades, estaban por todos lados como si quisieran advertir o frenar a la descontrolada mujer. Nada le importaba, la juventud instaurada de forma momentánea dentro de sus entrañas tornaba la escena algo digno de admirar. Los dioses expectantes estaban observando sin tomar partido, el desenlace estaba fuera de sus dominios, solo les faltaban los refrigerios para terminar de ver la película con final incierto. El tiempo se aceleraba, durante varios minutos la adrenalina le atribuyó las fuerzas necesarias. De repente, una piedra puesta durante décadas por la madre naturaleza de forma aleatoria hizo tropezar a la niña en busca de su amado. La voz de su esposo resonó de nuevo en su cabeza, mientras la caída inevitable hizo que la escena se tornara dantesca.

El cuerpo frágil y quebradizo por culpa del deterioro normal de los años, se topó con fuerza con un saliente de piedra, quebrando algunos huesos y golpeando fuertemente el recubrimiento de la mente. El golpe fue sordo, pero tan duro que abrió paso a un afluente de vida, el petróleo emanaba saliendo de su dueña, quizás había llegado el final de una larga vida. Dios la sumió en un estado de desmayo fruto de la inconsciencia y, le regaló unas imágenes que acariciaron su alma, unas diapositivas de los años vividos.

Un tiempo incierto antes….

El arma que siempre usaba estaba en auge. Era increíble que la edad avanzada le proporcionara un aumento en varios de sus dones, casi rozaba el milagro cuando pensaba en ello, pero no le quería prestar mucha atención ya que los quehaceres eran demasiados y el tiempo limitado. Todos los días distribuía las tareas y la agenda, la cual se quejaba por no tener espacios en blanco. La mayor alegría de su existencia era la visita de las personas que le rendían adoración. Se sentía como una Diosa creadora de una familia ejemplar. Era mucho el tiempo que la Parca le había arrebatado a su acompañante, sin embargo la Diosa de la soledad había hecho acto de presencia llenándole la mente de recuerdos que le dibujaban sonrisas y le atribuían fuerzas renovadas sin límite. Aún lo extrañaba, ningún otro hombre le hubiera podido dar tanto júbilo en un espacio tan amplio y de una forma tan intensa. Mucha era la emoción y las lágrimas que se hacían presentes en los recuerdos que le regalaba la soledad. No obstante sustituyó el cariño por obsesión en el control de su vida.

Cuando se presentaba su estirpe, se sentía arropada y venerada, el tiempo y el control obsesivo que la relajaban y la disuadían de los problemas, se fundía sin tomar importancia. Historias y risas durante horas, ver a sus ángeles proyectando luz en cada uno de sus rostros. Los besos que acariciaban sus mejillas, le obsequiaban con sensaciones propias de agradecimiento por seguir sosteniendo los pilares de algo aparentemente frágil, como cualquier familia.

Un día sin determinar, una brisa acarició el temperamento afable de la mujer, la genética se puso en marcha y la personalidad se le tornó algo cambiante. Ella intentaba achacar eso a formas distintas del estrés y la edad. Sabía muy bien que algo estaba fallando dentro de la compleja maquinaria. Intentaba controlar la nueva condición, aunque los nervios se acortaban dejando salir comportamientos que nadie entendía, pero que todos intentaban pasar por alto dejando que sus mentes se llenaran de mentiras, para aplacar pensamientos al parecer absurdos.

Los más allegados durante un tiempo pudieron disuadir esa nueva condición, sin embargo poco a poco, la preocupación se fue acentuando de manera notoria. La dueña del carácter se tomaba remedios naturales, como si eso la ayudara a crear una mentira que ni ella misma se podía creer. En algunos momentos, la coordinación de sus movimientos se veía también mermada, lo disimulaba para no preocupar a nadie. Sentía que le estaban poniendo pruebas cada vez más confusas, aunque en su convencimiento se decía que era un mero sobreesfuerzo que su edad no llegaba a tolerar. Por eso se auto adjudicó una disminución de su tan querida agenda, pensando que quizás le daría un poco de tranquilidad. Por el contrario, se le instauró una regresión de los pensamientos que la convertían en una madura apesadumbrada.

De noche se encomendaba al Señor, rogándole que, si su tiempo estaba terminando que se la llevara junto a su otra mitad lo más pronto posible. Muchas eran las veces que al pensar sentía que las fuerzas ya no se cargaban lo suficiente. La batería estaba dañada y con todo lo que le ocurría, se le juntaba en un pensamiento derrotista. Su prole la ataba al mundo, aunque la tentación de un descanso eterno se le antojaba perfecto. Era una lucha entre la pena de la soledad y la alegría momentánea que le daban las figuras construidas con tanto esfuerzo. Necesitaba ser egoísta, solo lo conseguía cuando visualizaba la estructura de la familia que la arropaba. Su ausencia solo provocaría unos días tristes que luego se convertirían en un olvido progresivo sin dejar de existir. El recuerdo positivo les llenaría de alegría, al recordar las escenas más relevantes de la vida de su creadora.

El tiempo incierto iba transcurriendo, las características de la vejez parecía que iban causando mella en la creadora de ángeles.

Ese día estaba próxima la llegada de la familia, los nervios afloraban fruto de una condición que no quería que se transmitiera entre los suyos. Apretó fuerte sus manos intentando corregir el movimiento fuera de sus órdenes. Pronto llegaron desgastando el dispositivo de alerta, tan presta como pudo pidió a los dioses que las piernas disimularan por un tiempo. Fue mucho el esfuerzo que adjudicó a estas, para que al entrar todos vieran a su anterior anfitriona. Los actos de amor la recargaron y, por solo algunos instantes, incluso llegó a olvidar sus averías. Se inventó un pequeño tropiezo enredando sus piernas para dar una coartada verídica de lo que le pasaba. Todos acudieron en su ayuda cayendo en el engaño de la sabiduría adquirida durante toda una vida de supervivencia.

El egoísmo le hacía cargar con todas las preocupaciones, ya que los demás le trasmitían con sus abrazos la aflicción que contenían, sobre todo los dos ángeles jóvenes; la intensidad de los abrazos le confesaban que ambas nietas guardaban roturas muy profundas en sus corazones. Eran tan grandes, que ella les devolvía el apretón para cargarlas del cariño añejo, que durante años andaba cultivando. Entendía que no era suficiente, pero a ella desde la barrera no le era posible ayudarlas. Dios en sueños, le dejaba ver algunos de los problemas, aunque este no le otorgaba el derecho de salvación ya que pronto le pondría unas pruebas que ni tan siquiera le darían tiempo a la preocupación. Para sus adentros se autoconvencía que la fortaleza transmitida de forma genética, les proporcionaría las claves para descubrir la veracidad de una vida simple.

Fueron varias horas de disimulo, pero al fin la puerta se cerró dejando las preocupaciones aflorar de nuevo. El disimulo salió de su interior y, se fue a esconder esperando la próxima llamada.

Pocos fueron los días de tregua, cuando pasó un duende a dejar otro obstáculo con el que lidiar de ahora en adelante, instaurándole en el plexo solar un cansancio que le era imposible evitar. Se sentía exhausta a cada paso que daba, todos los planes de su agenda eran ya apenas existentes, el control de su vida se encerraba en una jaula.

A pesar de que su mente no pasaba por un buen momento, se percató de un detalle que experimentó mucho antes, el subidón de energía sin explicación alguna otorgado con anterioridad. Ahora cobraba el sentido que la mente le regalaba, la lucidez era extraordinaria, en parte eso le estaba dando alas al ver que los años le servían de aprendizaje constante. El corazón de la anciana se encogió al vislumbrar el mensaje de la sabiduría y, se dijo en sus adentros, que la máxima sabiduría llegaba al alcanzar el abismo, donde el Dios todo poderoso le pediría audiencia para discutir el aprendizaje final y poder juzgarla en plenas facultades.

La energía suprema que acudió a sus entendederas tiempo atrás, presagiaba el mismo *modus operandi* que las bombillas antes de fundirse, las cuales alumbraban de forma exagerada dando una intensidad inexplicable, como para buscar una despedida digna de elogio.

Detuvo sus preocupaciones y cerró los ojos por unos instantes, una punzada le recorrió el cráneo como si la hubieran golpeado con el futuro próximo. Durante ese breve instante, partículas con olor a tierra mojada y a hierba recién cortada inundaron los sentidos de una forma inexplicable. Su mente viajó al bosque por unos escasos segundos, pero al abrir de nuevo los ojos, esa escena se quedó nuevamente en el olvido. No hubo ningún tipo de curiosidad directa a la importancia que le quería atribuir, nada más era un recordatorio de la veracidad relativa.

Pasaron los días y todo se acopló a la nueva condición. Se hizo con la situación con rapidez ignorando la negatividad y, luchando para poner la vida a su favor, como solo el ser humano sabe hacer.

CAPÍTULO III

ÁNGEL MEDIANO I

Él, se creía con el derecho de la propiedad intelectual y física de toda persona. Su ego era demasiado acentuado o quizás solo era la naturaleza humana más pura y primitiva.

La actualidad no aceptaba el comportamiento varonil y poco respetuoso direccionado a la parte delicada de la humanidad. Esos especímenes no estaban preparados o tal vez la evolución no entraba en su mente. ¿Era la evolución o el retraso mental de una parte de la población? Algunos creían que solo era por parte de los varones, pero muchas de esas características provenían y se alimentaban de forma creciente por el lado delicado de la naturaleza. La gente imparcial condenaba el feminismo de igual forma que el machismo puesto que, los extremos de cualquier lado estaban contaminados de ideas poco progresistas. La mente sin duda alguna era vencedora de la brutalidad sin programación.

El ogro andaba por las calles de forma altiva, poniendo a prueba todas las miradas, arrojando una seguridad que propiciaba pocos enfrentamientos adversos. Estaba seguro al cien por cien de la superioridad que emanaba sin control, esa forma de proceder escondía un pasado y una condición humana que pocos adivinarían. Solo él mismo mirando al pasado odiaba la fragilidad de sus sentimientos, todo estaba quebrado por dentro, el resto era pura fachada, el maquillaje de su porte disfrazaba la realidad. El bullicio de la gente andando por la calle le provocaba arcadas, intentaba disuadirse entre todas las distracciones, pero algo tatuado a fuego en su retorcida mente no le dejaba disfrutar de la felicidad otorgada por los Dioses. Él la pateaba e ignoraba en la medida de lo posible. Su felicidad solo la podía hallar cuando mantenía el control de su "propiedad"; se mordía el labio inferior cuando su imaginación le desvelaba un comportamiento irreal de su posesión, pero él, con su corta seguridad interior, le hacía caso a su cizañera mente, aceleraba el paso y se decía a sí mismo que, si pudiera estar delante de su esclava ahora juzgaría su mal comportamiento. Le debía respeto, uno que pocas veces le otorgaba, era una mala mujer, se decía siempre, pero la amaba; la amaba tanto, que no le daba cabida a que en el futuro no estuvieran juntos.

La enfermedad era creciente y nunca se detenía, era una enfermedad que ni tan siquiera los espectadores ni el protagonista eran capaces de diagnosticar. Haciendo uso de la tecnología, intentó ponerse en contacto con la parte acusada, pero no obtuvo éxito alguno.

El sentimiento de pérdida inundó al ogro y con rapidez, se dispuso a dejar todos sus objetivos para encontrar su preciado tesoro. Los minutos pasaban, el tiempo jugaba una carta muy baja para el desenlace del capítulo. El ogro enfurecido recorría los sitios en los que podía dar caza a su víctima, el amor fue transformándose en odio dentro del corazón defectuoso. No era preocupación lo que sentía por lo que podía sucederle a su amada, él estaba seguro de que le estaba fallando y engañando en todos los sentidos. En un destello de su mente instaurado por parte de su escasa cordura vio como alguien mejor estaba ocupándose de dar algo más que cariño a su compañera. Eso enfureció al protagonista, podía desatarse su locura buscando respuestas, pero debía evitar que la gente de a pie lo viera durante sus transformaciones. Fue a su cueva y estuvo esperando durante unos segundos, convertidos en minutos, que se trasformaron en horas con una rapidez vertiginosa. La enfermedad estaba consumiendo al enfermo a cada momento, los nervios se encendían y daban contacto con la musculatura algo exagerada de la bestia. La mente le contaba mentiras ilógicas, él con su poca personalidad, se dejaba influenciar creyéndose que la espera era una venganza para destruir a su persona.

Mala fue la hora en la que la delicada criatura apartó el musgo de la cueva para entrar en el interior, era una Hada, resplandeciente y delicada como una copa de cristal. La belleza se le había otorgado en demasía, Dios se dejó mucho material de creación con esa obra, que casi rozaba la perfección. Quizás, en el escenario en el que se encontraba sería mejor que le hubieran dado el don de la fuerza, porque de poco le iba a servir ese rostro tan delicado contra su protector convertido en rival.

La criatura fantástica al ver al ogro, le obsequió con algo tan bello como una hilera de dientes perfecta, un gesto que todo hombre hubiera deseado, pero el receptor de esos regalos no los valoró, ya los tenía demasiado vistos. La clarividente mujer reconoció y descifró unas palabras vomitadas por su compañero junto a unos gestos que la pusieron sobre aviso. Tanto uno como el otro sabían que las palabras de defensa no servirían de nada. Él poseía el don de la verdad y nunca aceptaría una disculpa o una historia que no hubiera surgido de sus cortas entendederas, aun así el Hada se disculpó de lo que no había hecho, pero de nada sirvió. La furia del ogro fue escalando, nublándole la visión. Disculparse con tanto ahínco solo terminó por darle la razón, y sin mediar más palabra la ajustició con toda brutalidad, para dejar claro quién era el que llevaba la voz cantante. Lo que quedó más dañado fue el corazón de la mujer; un corazón que se alimentaba de cada trauma creando una coraza. Ya estaba acostumbrada, sin embargo de igual forma le dolían todos los días de tormenta. El agresor sació su sed de venganza en minutos, ante algo que no le daba derecho a tal brutalidad, pero que él se atribuía para sentirse mejor consigo mismo. El ogro se volatilizó como por arte de magia, el demonio sobrealimentado se fue a buscar otro cuerpo para destrozar otros corazones. El hombre que la había tratado como una princesa en el pasado, ese que la había amado con locura sin dar pistas a lo que el presente les acontecía, acudió a su rescate. El rostro se le tornó de lo más tierno, mirando lo que las manos ajenas habían destrozado. La belleza de forma inexplicable estaba fuera de la princesa, los distintos colores y las montañas que se crearon donde nunca debían de estar, daban un paisaje de lo más tenebroso. El ambiente estaba tenso, nadie en su sano juicio tenía derecho de malmeter una alma y dejarla inservible, un trapo en el suelo sin llanto alguno; un río que se secó tiempo atrás de tanto abrir las compuertas de la desesperación. Solo quería que todo terminara, sin fuerzas deseaba que en un brote de ira diera fin al sufrimiento sin explicación, al que estaba atada de pies y manos. Era algo que no podía evitar pero de lo que tampoco podía huir, le amaba y a la vez odiaba tanto, que no llegaba a comprender qué le pasaba. Ella era consciente de que llegaría el momento en el que se le escapara de las manos, solo deseaba que fuera lo más pronto posible. Ese sentimiento se acrecentaba al final de cada paliza.

—Mátame, por favor —suplicaba con el corazón en la mano, con las pocas fuerzas que le quedaban.

De la boca del príncipe que antaño era el demonio, solo salían disculpas y palabras llenas de congoja, tratando de reparar lo que ya estaba en pedazos demasiado diminutos como para recomponer. Nada más necesitaba transmitirle la confianza necesaria para que, la denuncia que todos los lectores desearían, no se hiciera efectiva.

La delicadeza de sus actos obtuvieron sus frutos puesto que, la mente quebrada de la víctima ya estaba demasiado debilitada como para oponerse a lo que en caso de rebeldía, podría volver a invocar al ser endemoniado que habitaba muy cerca del galán de su novio.

Ella desde el suelo desconfió en un primer momento, con el miedo de no adivinar las intenciones de alguien que ya pocas eran las caricias que le regalaba. En cosa de segundos la manipulación surgió efecto, dejando que los golpes se transformaran en unas disculpas llenas de abrazos y llantos, fruto de la esquizofrenia momentánea de alguien que ya había perdido todas las oportunidades de ser perdonado por el ser supremo.

Los abrazos y besos le recordaban lo maltrecha que estaba, pues le dolía hasta el último hueso. Disfrutaba cada una de las caricias, ya que no eran algo habitual, primero siempre debía de pagar con los golpes que tanto se merecía.

La escena a ojos de la cordura de cualquier individuo era dantesca, los papeles intercambiados de los dos actores era inverosímil. Quien hubiera llegado tarde a la función no entendería ni un atisbo de la verdad en su totalidad. El ser fantástico consolando al afligido.

Ya conocía la solución para el disimulo, la princesa debía de hacer uso de todo el grueso de su maquillaje y, de su voz muda para no levantar sospechas de sus movimientos en demasía dolorosos. Era una mujer luchadora, fuerte, inhumana y desgraciada en todos los ámbitos, pero aborrecía la huida tan necesaria, pues los ángeles nunca pierden la fe.

Con el tiempo adquirió el don de evadirse de su cuerpo y empezar viajes astrales durante todo el tsunami y en la penumbra de la noche, mirando fija hacia el infinito. Se dirigió hacia allí desplazándose como un cohete preciso a millones de años luz. Muchas eran las veces que intentaba viajar en el tiempo, pero era absurdo, ya que ella vivía atada a la realidad de un tiempo inamovible. Esa noche deambuló durante horas ya que el sueño no acudía a su encuentro: "*el ángel desplegó sus alas y se liberó por momentos de los ronquidos del boxeador. La noche era hermosa, sin embargo no le bastaba como consuelo, así que se elevó viendo cómo se alejaba de las luces de un mundo dormido. Pronto se encontraba viajando entre objetos y visualizaciones aún por denominar. Todo era tan superior a lo que estaba acostumbrada, que la emoción la retuvo varios instantes para poder absorber toda la información de la plenitud del espíritu de la libertad. Las leyes de los científicos estaban superadas en todo momento, nada de lo que pronunciaban tenía veracidad fuera de la mota de polvo en la que vivían como sabios. Sin duda, el universo les hubiese nombrado inservibles y prepotentes dueños de teorías de seres estólidos*".

La imaginación se unía a la libertad, pasaba horas que en la realidad apenas dibujaban minutos. Eso se lo debía a su captor, nunca hubiera imaginado que llegaría a atesorar el don de la visión ilimitada. Esa noche visitó a la Diosa del placer terrenal, estaba escondida detrás de la tercera luna más lejana en el extremo del límite de la imaginación. Eran varias las veces que mientras viajaba el orgasmo del conocimiento la separaba de las ideas, para llegar a distorsionar y entrar en su mundo interior. Este era incluso más extraordinario que el que visitaba durante sus ausencias. Sus gemidos se perdían en la infinidad de la ausencia de transmisión de este, en los lugares donde solo existía la comunicación de la intuición.

Era tal la desconexión, que alguien se aprovechaba del estado de trance y se tomaba la libertad de poseer lo que se creía merecedor de usarlo como propio. Quizás esa conexión entre las dos escenas eran la mezcla que mantenía el fuego de las dimensiones, dándoles un toque de realidad que a buen seguro en algún momento y tiempo inconcreto lo era. La maldad y la bondad entrelazaban las noches consiguiendo ambas estar en paz con las necesidades extrasensoriales que jamás nadie podría juzgar.

El ser de verdad infinita, cada vez debía de hacer un esfuerzo mayor para acceder otra vez a su condición terrenal. En ocasiones, por no hallar la ubicación y perderse en la extraordinaria mente, sin embargo la mayoría de las veces era la mala vida que le aguardaba lo que la retenía. Ponía en la balanza todas las vivencias, para que el juez con su justicia divina dictaminara un veredicto unánime según la opinión de todos los Dioses. Hasta la fecha la regresaban de nuevo a su calvario, para usarla como prueba del aguante terrenal o para que pagara la deuda de algo que en alguna otra vida hubiera hecho, compensándolo con la penitencia eterna.

No juzgaba a sus dueños, pero sí muchas veces las preguntas sin pronunciarse se dibujaban en su mente para que ellos pudieran recolectarlas y darle el fruto obtenido de ellas. Ellos no estaban dispuestos a revelar los secretos de la vida por muy poco humana que fuera. Solo hallaría el porqué de las cosas una vez todas la pruebas finalizaran, ya fuera en años, meses, días o simples horas.

Abrió las puertas de sus dos hermosas almas y vio a través de ellas al ogro gruñendo en desconexión con el despertar, bramaba como si intentara despertar al sol. El ambiente era nauseabundo, pero la maravillosa criatura que lo cuidaba cambiaba los lentes de sus almas, para ver al maravilloso príncipe que soltaba cantares capturando los sonidos desagradables. Al verlo, el odio bailaba con el amor en una danza incomprensible, la seguridad era efímera aunque tan necesaria como una droga distorsionadora de la realidad. La inseguridad era próxima sin embargo los pros ganaban la lucha de la huida.

A causa de la mirada penetrante, el príncipe despertó, dejando ver su rostro apaciguador, el amor estaba acudiendo a los ojos de ambos. Tal fue el choque de sentimientos que, sin saber cómo, se enzarzaron en una danza que les dejó las almas al desnudo, disfrutando de la mejor de las uniones. Caricias interminables que proporcionaban sensaciones aún por inventar. El momento se tornó mágico, imposible de definir, las opiniones de los espectadores no importaban en ese preciso momento. La poca cordura les hizo disfrutar de lo que nadie podía comprender, al unir los dos cuerpos, el Dios del bien y el Señor del mal unificaron puntos de vista. Imágenes fuera de control y palabras intercambiadas por sonidos mudos o pitidos que dejaban sordos a los que prestaban atención tratando de comprender la escena que se desarrollaba. Todo fue tan hermoso y pasional, que muchos poetas tomaron nota para hacer libros enteros de los escasos minutos que tardaron en disolverse las diferencias. Los dos cuerpos desprovistos de ropajes quedaron tendidos buscando el aliento que tanto les hacía falta. El aire de la estancia buscaba tomar contacto con los protagonistas, para luego contarlo en los coloquios con infinidad de envidiosos. La satisfacción logró un grado por encima de lo normal. Después de eso, el reinicio de las mentes parecía posible incluso sin serlo. El mal consiguió de nuevo el propósito del apaciguamiento de las aguas bravas.

—Pégame, te lo ruego —dijo la esclava, con total firmeza—. Quiero que me devuelvas a la realidad.

El demonio sonreía con disimulo entre jadeos haciendo caso omiso a las súplicas, nadie conseguiría lo que su ego no dictaminara en todo momento y, ese instante era de regocijo puro y duro.

Fueron muchas las horas que el cuerpo yació sin fuerzas sobre el colchón, ausentándose todos sus pensamientos, toda la musculatura dejó de responder a estímulo alguno. Echando la vista atrás estaba analizando la primera escena donde la mancilló su captor, el inicio de lo que nunca hubiera esperado.

Un tiempo atrás…

"Los dos seres puros estaban sentados juntos, en el sofá de la casa de los ausentes padres de la parte femenina. En ese momento aprovecharon que los muebles y las paredes dormían profundamente, para darse besos cautos pero rebosantes de ternura, aquella que solo se daba al mezclar la práctica e inexperiencia de la juventud. Ambos bisoños investigaban la mejor forma de hacer ver a la otra parte, que el amor proyectado era natural. La pausa para otorgarse el derecho de obtener oxígeno del ambiente, les daba unos momentos de palabras sin mucho sentido fruto del Dios de la vergüenza que los vigilaba dentro de sus frágiles y moldeables cabezas. En un momento inadecuado, la parte femenina despertó invocando de forma involuntaria al demonio que aguardaba silencioso dentro de su compañero. Fueron unas palabras desafortunadas, sin el sentido que la mente corrompida por seres imaginarios le dieron. Una energía furiosa que dejó por momentos a la parte masculina fuera de su cuerpo sin control del amor y, como si de un títere se tratara con una fuerza muy medida cerró su ya grande mano alrededor del brazo de la víctima. Fueron pocos los segundos que la prisión cortó la circulación del frágil cuerpo de la protagonista,

esta se apresuró a apartar al demonio, ahuyentándolo con un grito que salió de lo más profundo de su alma. El desconcierto y la rotura parcial del corazón de la chica hizo que el ángel retomara el control del ser poseído. Los ruegos de perdón acudieron como si ya tuviera práctica en esas situaciones, pero no era así, solo la condición humana de algunos ya posee el gen de la manipulación progresiva, para llevar al laberinto a su víctima de forma que ni tan siquiera pudiera explicar cómo y cuándo entró en él. Después de ese altercado pasó mucho tiempo hasta la segunda negligencia. Sucedió años más tarde cuando la convivencia ya estaba en auge. En esos pocos años el celo y la desconfianza del ser inferior aumentaba, aunque solo lo proclamaba con palabras controladas para seguir con el cebo y no ahuyentar en demasía la propiedad adquirida con tanto ahínco. Una vez se construyeron la madriguera y las ataduras forjadas durante muchas palabras y hechos sutiles que habían atado en corto el alma de la feliz protagonista, el mal regresó de puntillas, no podía permitir que la jovialidad se extendiera por todos los rincones. Afloró una tarde, cuando las risas chocaban contra las paredes y de golpe, sin intención de despertar el tigre, una palabra directa al ego del señor de la casa, hizo que saliese la bestia durmiente. No llegó en forma de actos físicos, puesto que las pautas que debía de marcar para delimitar el territorio y proclamarse como macho Alfa era un proceso progresivo, lleno de estrategia para zurcir bien todo el entramado donde ella debía de entrar sin hallar la puerta de salida.

Unas palabras hirientes e incomprensibles le punzaron el corazón por primera vez, ella en parte se sentía algo culpable por el hecho de dañar un ego que quizás era de una sensibilidad extrema. Sin embargo, las palabras agravantes no cedieron durante días, aplacando y dejando sin moral a la antes feliz princesa. Poco a poco fue dándose cuenta, que ella era inocente por completo de todos los cargos expuestos.

Por mucho que se esforzaba ya nunca volvió a regresar el príncipe durante largo tiempo. Solo hacía apariciones cuando la gravedad de la situación era extrema y, debía tomar parte la bondad que moldeaba su carácter manipulador.

Ella debía de aguantar con la convicción de que el ogro moriría de un momento a otro, dejando libre al hombre que le daría una vida digna de toda princesa; esa princesa que ya nunca vestía con ropajes de fiesta, pues su ropa era la proyección de su alma: colores apagados y trapos sencillos para no llamar mucho la atención de las miradas de la multitud de jueces sin títulos que pudieran demostraran sus estudios."

Se levantó de la cama después de recordar tan lamentable vida, se relajó debajo de la lluvia artificial. El calor transferido a través del agua le calmaba el dolor de sus heridas y restauraba su alma de forma engañosa. Sentía náuseas al recordar el acercamiento con la bestia, fueron tan vivas las sensaciones que, en medio de la ducha, sin poder llegar a ningún sitio, se ahogaron sus vómitos y arcadas en el resonar de las gotas de agua contra el material antideslizante. Pronto este se llenó de puré con un claro significado que la llevaría a la mayor desgracia en esa cárcel. Una buena noticia que al llegar en tremendo escenario se convertiría en la mayor de las tragedias. No fue un caso aislado, los ascos hacia su acompañante siguieron otorgándole mareos y vómitos que no tardaría en descifrar.

CAPÍTULO IV

ÁNGEL JOVEN II

Nada más llegar al purgatorio fue hacia la jefa de las condenas, para reclamarle el perdón por su existencia y pedirle la clemencia que tanto ansiaba, pero ella mirándola como si no fuese digna de hablarle, no la absolvió, sino que le despertó un dolor lacerante en las costillas. Como por arte de magia la hizo entrar en un estado de ausencia temporal acariciando el sueño, mientras sus ojos en blanco buscaban la paz de los próximos minutos.

Al recobrar el sentido, la niña tumbada en un aposento, intentó imaginar cómo el frío y duro piso se había convertido en algo tan suave debajo de su precioso cuerpo, preguntándose quién detuvo el tiempo durante unos instantes. Quizás era Cronos el que intentaba ayudarla, ya que las demás personas del mundo al cual no creía pertenecer, no conseguían llegar a socorrer a los ángeles.

Una suave voz flotando en el aire, viajó hacia los hermosos orificios sensoriales de la pequeña, captando como caricias esa suave melodía. Al levantar la vista se encontraron las cuatro almas y se reconocieron. Sin duda alguna, la bondad en un mundo escaso se captaba como la suave textura de una mousse de chocolate de alta calidad. Empezaron las preguntas para quebrar el corazón de la maltrecha criatura, pero por muchas que viajaban a sus oídos, pocas fueron las confianzas que podían llegar a crear una pequeña fisura, como para que las confesiones de sus culpas llegaran a ser públicas.

"¿Por qué nadie entendía que debían adivinar para ayudar a los gritos enmudecidos, y así terminar con una agonía que no podía ser contada?"

La débil criatura dejó salir una sola gota de sus ojos, un pequeño regalo rebosante de verdad, que contenía un mensaje tan claro que junto al dolor de sus costillas a cualquier detective le hubiera bastado para hallar una solución al miedo oculto. Los niveles de entendimiento mundanos estaban algo oxidados, si no se podía hacer uso del silencio, muchas y muchos terminarían dejando este mundo, por culpa de la mentalidad quebrada de la aceptación de la sociedad ante lo evidente.

La mano de la curandera se acercó lentamente a la frágil mejilla y secó el mensaje con sus dedos. Cuando sólido y líquido tomaron contacto, la intuitiva piel se impregnó con el mensaje. La ajusticiada le regaló una sonrisa fingida que penetró en su confidente, esta se la intentó regresar, pero con tan poca práctica que se le notó la tristeza percibida por el agua salada, la cual le había transmitido el jeroglífico que debía de descifrar.

El color morado de sus costillas gritaba detrás de la camiseta intentando ser visible para el ángel sanador, aunque la culpa ocultaba con recelo los colores distintos que podían alterar el curso de la tranquila vida de la gente en general. Sentimientos encontrados en esos minutos, que eran propicios para terminar con todo y regresar a la normalidad, pero quizás el mal estaba interfiriendo, introduciendo sentimientos ajenos a los corazones más puros.

—¡Quiero gritar! ¡Quiero confesar! —bramó el silencio, que ocultaba las pocas fuerzas que contenía la fragilidad.

El interrogatorio fue arduo y tedioso, sin embargo, la reclusa no estaba dispuesta a confesar algo que se podía convertir en represalias. La inteligencia de lo mundano era demasiado justa, como para descubrir lo que se quiere llevar al rincón oscuro del camino por donde nadie pasa.

Cuando la absolvieron por falta de pruebas, salió de nuevo al ruedo, aunque a esas horas los toros estaban en sus cuadras. La soledad era la única inquilina dispuesta a acompañar a la pequeña criatura hacia la puerta de la libertad. La cristalera ya estaba muy dañada, tanto que ni la dueña misma adivinaba cuánto tiempo le quedaba para quebrarse. No duraría mucho más poniendo tiritas a todas y cada una de las grietas, necesitaba una reconstrucción, o incluso se le antojaba que sería mejor una rotura definitiva.

El camión de bomberos esperó a que las alas de la mujercita se desplegaran y entrara como un pájaro en una jaula. Todo el trayecto fue confuso, al camión se le derritió el techo, justo para que ella con sus ansias de ser libre desplegara de nuevo sus alas y, dejando atrás el contacto con el cuero maltrecho del sillón, despegó con suavidad. En cada aleteo se alejaba más y más de los problemas, todos sus compañeros ángeles y demonios, la observaban boquiabiertos señalándola y adorándola como si de una Diosa se tratara. Ella recordó la sensación de la felicidad y la expresó en toda su amplitud. Vislumbraba a lo lejos todo lo maravilloso de un mundo que ni de lejos sabe quién deja vivir en él.

Desde las alturas el aire era puro, veía criaturas hermosas que solo sus almas le podían dejar ver. Disfrutaba tanto del momento, que incluso Cronos se enamoró de la belleza y estuvo a punto de detener el tiempo, para que lo más bello jamás visto pudiera quedar en el recuerdo infinito de la eternidad. No obstante, no era posible hacer tal cosa puesto que la libertad del tiempo debía obedecer a unas reglas mundanas..

El aire resbalaba acariciando a la criatura sacada de un cuento imaginario. El sol, que solo podía transmitirle su calor a larga distancia, se puso celoso del contacto. La libertad era orgásmica, se expandía hasta donde su mente podía albergar, incluso se le pusieron todas las culturas a sus pies. Por donde hacía acto de presencia, los habitantes del mundo la saludaban desesperados intentando captar una mirada de tan noble criatura. Algunos pájaros se acoplaron a sus corrientes de aire. Era un baile que emocionaría incluso a las pesadillas que atenazaban la bondad.

Fueron minutos convertidos en horas proyectadas en el espacio tiempo de lo absurdo, pero el tiempo se agotó, las preciosas alas empezaron a arder tan rápido, que incluso al desaparecer parecía que nunca hubieran existido, tal vez jamás lo hicieron. Ella aún estaba en el cielo, aunque ya no era algo hermoso pues le costaba respirar. El aire llenaba tan rápido sus pulmones que no conseguía procesar el oxígeno, todo estaba próximo a finalizar. Entendió que debía de relajarse, fijó la punta de sus dedos en contacto con su suave piel e inició un baile lineal con una presión suficiente, para que la culpa quebrara todas las capas de ilusión hasta llegar a la vida con sabor a hierro. Despacio y disfrutando del momento, la criatura hermosa empezó a sentir paz; una que le recorría todo el cuerpo, lo llenaba todo de realidad y de pureza. Solo necesitaba cerrar con suavidad sus dos almas y gozar durante unos instantes más. La imaginación se disipó, sin embargo no estaba preparada para volver, así que siguió malmetiendo su cuerpo para disfrutar los diez minutos que nos hacen falta todos los días, al posponer la alarma del despertador. Se le concedieron hasta que el cuerpo descendió a una velocidad vertiginosa y, chocó abriendo un gran boquete al edificio que tan familiar se le hizo, el dolor de la caída fue amortiguada por el suave contacto con la cama.

La realidad, ya cansada de tanta mentira, se hizo presente y la abofeteó para que aprendiera la lección. Una sonrisa inundó la estancia, ella tan noble se enfrentó a la realidad confesándole que, si volvía a desobedecer sus ansias de fantasía, pronto podría llegar a quebrar para siempre su verdad, volviendo a una ilusión infinita. La Diosa de la vida la estuvo mirando largo rato y le acarició sus lindas mejillas. Sintió tanto dolor que, incluso ella después de la eternidad, no pudo contener el sentimiento de empatía, librando una lucha entre lo que era y la integridad que debía mostrar. Incapaz de interpretar la lágrima mundana que se le escapó a la dulce criatura.

Los días de Saturno permitían el descanso y la sanación de las almas. En la protagonista, la sanación iba más allá, ya que la voz de la sabiduría la llamaba siempre a la misma hora. Ella acudía rauda, sin dejar que la señora pereza la retuviese, los sentimientos que le despertaba su abuela la ataban al mundo terrenal. Siempre se preguntaba cómo la perfección de la bondad podía llegar a sobrevivir toda una vida rodeada de tanta maldad, a pesar de ello ahí tenía la prueba: en unos minutos podría dar todo el cariño y recibirlo de vuelta aumentado exponencialmente. Se cargaría de lo más bello del universo, de la grandeza de una vida entera y, si estaba de suerte, le podría preguntar el secreto de la victoria en todos los concursos que ella presentía imposibles.

CAPÍTULO V

ÁNGEL MAYOR II

La bella durmiente se despertó, dormía más horas de lo habitual en ella. Desde el principio de sus días se le otorgó la capacidad de desconectarse de la realidad y de sumergirse en historias, a veces incontrolables, dentro de unos sueños que le regalaban momentos mágicos. El descanso del cuerpo era enorme, tanto que la energía recuperada durante la oscuridad era de tal calidad, que con la salida de los colores reflejados por el astro rey, le sobraría cuerda para llevar a cabo todo lo que su cuerpo le pidiera. Aunque ese despertar fue afín a una pesadilla, de esas que quizás ya nunca podría llegar a despertar. Alguien durante la noche le había concedido el don del olvido, todos los recuerdos eran algo borrosos. Lo primero que la puso sobre aviso fue que la distribución de la casa vista desde la puerta de la habitación le era por completo desconocida, eso era lo peor pues le daba miedo iniciar el camino fuera de una habitación que puede que ni fuese la suya. Los duendes se reían de la situación, mientras ella se armaba de valor para ir a explorar, los mismos seres le cambiaban las habitaciones como si de un cubo de Rubik se tratara. La desesperación y preocupación en su rostro era de lo que se nutrían, mientras bromeaban planeando sobre qué otra cosa le cambiarían de lugar para confundirla en mayor grado. Un pequeño alivio le dio el hecho de encontrar el baño, una tregua que aprovechó para desestresar la acumulación de desechos, ya que no sabía si le moverían otra vez de lugar la distribución y no lo encontraría en horas. Exploró durante largo rato, pero cuando parecía que el mapa estaba bien dibujado en sus entendederas, todo se movía de nuevo. Algo no estaba bien y su experiencia le daba bastantes pistas de lo que le ocurría, no quería aceptarlo, aunque la evidencia la haría entrar en razón en un tiempo más o menos largo. Sin embargo la tozudez no era algo que había extraviado todavía.

Encontró la cocina, se preparó algo de comer como distracción, eso sí, de escasa elaboración, debía de llenar el tanque. Se sentó pensativa mientras usaba su mandíbula sin muchas ganas, se obligaba a tragar, ya que la tensión vivida hacía que se le obstruyera el esófago. Pasó largo rato hasta dar cuenta con toda la comida, se quedó sentada inmóvil con la mirada fija en el infinito, sin enfoque alguno, atravesando toda la realidad, quedando en un estado próximo a la locura. El miedo al movimiento de la casa era tal que la quietud la invadió durante un largo rato. Su movilidad se hizo evidente cuando sacó fuerzas de flaqueza para llegar a la pared más próxima, desde esa posición vio el sofá que la saludaba desde el salón. Sus pasos hacia la comodidad eran dubitativos, puesto que no se podía permitir el lujo de dejar de fijar sus dos almas visualizando el mueble. No quería que en un despiste, se lo llevaran a otro lugar obsequiando a los duendecillos con otra situación de mofa, no estaba dispuesta a perder la oportunidad. Llegó a su destino y como si la victoria de una maratón se tratara, se tumbó cuan larga era respirando tan hondo, que pudo sentir el oxígeno pasando por los alveolos y mezclándose con la sangre, distribuyendo vida a su organismo. Las sensaciones estaban a flor de piel y la imaginación en un estado de plena locura.

Un estado de ensoñación mezcló sus pensamientos con vivencias del pasado, y ahí estaba ella, en su habitación cuando era joven. Se sentía desgraciada y con apenas ganas de seguir viviendo, el corazón estaba quebrado, tanto que la vida perdía sentido mientras pasaban los días. El responsable de esa pesadumbre era ni más ni menos que su padre ausente. Aunque nunca había formado parte de su vida, en ocasiones al ver a sus amigas o compañeras tener buen trato con el hombre que les dio un empujón en la vida, le mermaba los ánimos y las esperanzas de ver al fantasma innombrable.

El desperdicio de una vida pensando en el dolor injustificado la fustigaba solo en algunos momentos de su vida, cuando los ánimos estaban en decadencia y en situaciones donde se chocaba con las otras figuras paternas. Por ejemplo, cuando a la salida del colegio varios padres acudían frente a la llamada del deber de la naturaleza. La mayoría acarreaban cansancio en sus rostros fruto del esfuerzo de compaginar otras tareas, pero aun así la iluminación en la mirada de sus cachorros les reflectaba la luz necesaria para florecer sin agua ni sustento, solo con el sentimiento recíproco de la palabra que otros no merecían ni su significado. Las sonrisas se sucedían, era una sensación rara el hecho de ver felicidad y provocar en la joven princesa una tristeza y un vacío quebrantador. Muchas eran las veces que se preguntaba si no era digna de poder vivir eso, se apretaba sus delicados brazos hasta hallar un suave dolor; uno que retenía las lágrimas al pensar, que jamás podría llegar a sentir lo que la mayoría de los niños y niñas sentían sin darse cuenta de lo afortunados que eran.

Comparaba los abrazos y el amor que le daba su madre, pero ardía en ansias por completar la escena. Se decía que le faltaba la otra mitad del significado del amor eterno. Era una niña incompleta que nunca podría descifrar el sentimiento más potente.

Las crisis llegaban junto con los demás problemas, al juntarlos podía desahogarse escribiendo lo que con palabras le era imposible expresar.

Mirando su libreta y con ganas de escribir, se quebró la piel con sus afiladas uñas y acto seguido derramó gotas de sangre que se plasmaron en el papel. Unas palabras sin retorno que guardarían la aflicción del momento, para descargar la culpa de no ser la hija perfecta.

Vio como si fuera justo en el presente todo ese texto que guardaría durante toda su vida y, medio adormilada lo recitó como si de un poema grabado a fuego en su alma se tratara:

¡TE ODIO!

"¡Odio que sienta lo que otros no sienten y, no entiendo porqué no pueden sentir lo que yo siento, si es algo que todos deberíamos de sentir!

Mentes quebradas ajenas a una misma, vidas destrozadas y gente sin conciencia de la razón de la propia vida.

Padres o madres ausentes; ausentes en sus funciones. Rabia desorbitada en mis pensamientos hacia ellos, lágrimas sin sentido por no entender que no se puede vivir sin repercusiones de los propios actos.

Amores distintos a la comprensión de la vida, tan fuertes que no entiendo como otros pueden ignorarlos. Muerte en vida, almas errantes sin capacidades sensoriales.

Sentimientos de los más débiles con ganas de gritar, pero sin ser escuchados. Sordos porque se acostumbraron a que la falta de amor es de lo que trata la vida. Corazones y almas rotas, repercusiones insaciables de responsabilidad.

Tú llevas mi sangre, aunque no es suficiente si la evolución está en vías de extinción.

Un día te gritarán tan fuerte, que se te quitara todo, pero ya será tarde, has conseguido matar lo que los sentimientos propios nunca podrán entender.

Te odio por tener y no querer, te odio por poder y no hacer, te odio por poder vivir y sin embargo matar. Ahora mismo es tan grande mi odio hacia ti, que las lágrimas son el único grito que han estado en ojos que tú y solo tú no deberías de haber provocado.

Tu muerte no será suficiente para reparar la rotura del todo. Te aplicarán indiferencia por ser resultado del odio en última fase."

Abrió las compuertas de la visión, el descanso fue regenerador, pero no lo suficiente para reparar el motor de la orientación. Estaba haciendo esfuerzos para recordar usando hasta la última neurona, para entrenar lo que creía falto de práctica, sin embargo no era así. El daño era un deterioro que no remitiría, sino que de forma gradual la llevaría hacia la unión de los dos mundos, donde descansaría eternamente junto a su esposo.

Las fuerzas usadas para y por la lucha habían llegado a su final, un grito casi demoníaco desgarró las ondas sonoras que salieron de su garganta de forma estrepitosa llenando toda la casa de una agonía terrible. El llanto se hizo visible como la segunda fase de la derrota, sin contemplación y sin ganas de agradar a nadie. La saliva, las lágrimas y los fluidos se juntaban como una manifestación en contra de lo que acontecía, acudió a su mente la idea de terminar con todo y no suponer una carga para la gente que tanto la quería, pero la valentía y la cobardía se juntaron para proclamar una tregua y dar un poco de lucidez a esa escena tan descorazonadora.

Cuando el desahogo cumplió su cometido, el teléfono que reposaba cerca del sofá con la ayuda de la agenda fueron cruciales para dar el comunicado de socorro a la familia más cercana. Su querida hija escuchándola al otro lado procesó toda la información, y después de calmar a su admirable madre, fue presta casi llegando antes de que tuviese tiempo de colgar el artilugio. Al entrar, la música de los llantos se juntó de igual forma que los abrazos. Era tal la unión entre ambas, que la recién llegada sintió el mismo miedo que la víctima de la presunta enfermedad.

Se quedaron hablando para determinar qué podía estar sucediendo, todo fueron débiles conjeturas para no empeorar el posible pronóstico. Lo atribuyeron a la presión arterial y a la larga exposición a una vida estresada. Eso las calmó como si la verdad discurriera por el ambiente, las dos mujeres hablaron largo tiempo hasta que sus nervios se escondieron a pocos centímetros de su alcance.

Llegado el momento, ambas decidieron que el veredicto debían dejarlo en manos de los estudiosos, no podían perder tiempo por si se avecinaban curvas. Llamaron y les dieron cita en poco más de una hora, sin embargo se fueron a la cafetería del hospital porque en la casa el ambiente estaba enrarecido.

El viaje de escasos minutos lo cubrieron con un silencio sepulcral, ninguna de las dos se sentía con suficientes fuerzas para iniciar una conversación, necesitaban descanso mental.

Una vez llegaron dibujaron sus pasos hacia la cafetería del hospital, tomaron una infusión y platicaron anécdotas que les hicieron llevadero el momento. La mayor parte de ellas eran irrelevantes, aunque sirvieron para ahuyentar los miedos. La más joven se dio cuenta, en algunos momentos, dónde la mente de su más preciado tesoro se ausentaba y no le seguía la mayor parte de las historias. Incluso, algunas narradas por la mayor estaban incompletas o con atisbos de invenciones ilógicas, las cuales no fueron sacadas a la luz por no contaminar de nuevo el aire, atrayendo de nuevo los demonios que infundían el terror.

La espera finalizó, apresurándose llegaron a la puerta de la consulta, el destino se jactaba del poder infinito del deterioro, mientras el estudioso en los casos de la mala suerte o más bien genética determinaba lo que ya intuían. Suspiros exagerados en forma de disconformidad movieron el poco cabello del doctor, las risas de los duendes se escuchaban en lugares inventados en el pensamiento de la desgracia. En ese diminuto despacho, la pequeñez en comparación con el todo se acrecentó dejando como única a la protagonista del fatal veredicto. La empatía para con los de su mismo género empezó justo en ese instante, invisible y trivial hasta el momento en que las palabras penetraron sus frágiles mentes. Él, con una mueca ya muy estudiada después de tanto ensayo se compadeció de sus consultoras y, con un par de palmadas en la espalda, se llevaron ambas la enfermedad fuera de lo que sería el habitáculo para otras malas noticias durante toda la vida del curandero.

Las dos salieron con un medio abrazo hasta hallar asiento. La víctima miró con los ojos vidriosos a su hija, esa mirada estaba llena de miedo, disculpas y sentimientos que ni los creadores aún podían descifrar. La nueva vida empezaría; una vida de tiempo limitado.

UNOS DÍAS MÁS TARDE...

La compañía no podía ser mejor, la harmonía viajaba de uno a otro con especial atención a la anciana. Esta sonreía cuando conseguía recordar cosas, pero se ponía seria en las ocasiones que no entendía porqué había gente desconocida en su casa. Las ocasiones en que buscaba a su esposo con la mirada se repetían una y otra vez, aunque este nunca acudía a sus llamadas. Se desesperaba e incluso temblaba, al ver que el amor de su vida no se encontraba en ese momento en el que ansiaba su compañía. Se preguntaba el motivo de su ausencia, incluso se le saltaban las lágrimas al sentirse abandonada. Cuando ese proceder inundaba su entendimiento, sus adoradoras la calmaban dándole mucho amor, esquivando su mirada desconcertante. Acto seguido la memoria le daba una tregua borrándole esas imágenes del pasado. Se regañaba a sí misma en los momentos de lucidez, su vida ya no era del todo clara, estaba nadando entre épocas y olvidando lo más próximo a su presente. Entendía por momentos que estaba enferma, pero por otro lado creía que la verdad durante sus imaginaciones era la única de todas.

En esa ocasión se enfocó en su nieta consentida, la de más corta edad y frágil corazón, se miraron mutuamente e hizo crecer unas esperanzas grandiosas en el corazón de la afortunada. Las palabras de forma fluida fueron saliendo, provocando la admiración de toda la familia, las dos empezaron a conversar como si nadie más existiera. Juntaron sus manos y el sentimiento de amor se mezcló reconfortándolas y sanando el espíritu de la esperanza. Pasaron varios minutos, cuando sin previo aviso los duendes pusieron el aditivo de la confusión en sus entendederas y, la visualización de la jovencita se transformó en la de la mamá de esta a su misma edad. Al expresarlo con palabras quebró el corazón de toda la familia, dejando latente que la enfermedad avanzaba a una velocidad espantosa. La niña, apenada como nunca, hizo fuerte el corazón y le siguió la corriente para evitar males mayores. Todos aguantaban el llanto escondiendo sus rostros cuando no podían más, recordando el pasado e intuyendo el futuro inamovible.

A pesar de su edad, una abuela llena tu vida de muchas formas. Deja algo escrito tan dentro de tu alma, que llegas a creer que no podrás soportar dejar de gozar de una compañía tan noble e irradiante, incluso crea fuego de protección.

—Te quiero abuelita —dijo la joven, con los ojos empapados en agua salada, mientras le daba un beso con la mayor de las ternuras en su mejilla repleta de hermosas arrugas. La adorable anciana al sentir esos delicados labios en su piel no pudo evitar emocionarse y, contra todo pronóstico Dios habló a través de su boca:

—He sido bendecida y besada por un ángel —respondió en voz alta, al tiempo que acariciaba el rostro emocionado de su nieta.

No estaba viendo a su nieta, sino a alguien que le transmitía algo tan familiar que le provocaba admiración.

La joven pero inteligente niña aplacó la tristeza y sonrío al pensar en lo afortunada que era al poder disfrutar a su abuela en vida justo en ese instante. El futuro se quedó fuera de la vida de los familiares para poder aprovechar mejor las pocas vivencias que les quedarían día tras día.

CAPÍTULO VI

ÁNGEL MEDIANO II

Ya rebajadas las heridas de guerra, de nuevo el maltrato psicológico era tan constante que los ánimos de la agraviada iban disminuyendo. El cansancio se instauró justo en el interior de su moral, todo lo referente a su compañía se sentía incómodo y además, el tiempo disminuía su capacidad de fluidez regalándole una suma de momentos que no estaba dispuesta a agradecer. En los paseos, la gente no intuía detrás de las capas de maquillaje lo que el corazón del ángel estaba sintiendo. Todos estaban absortos y sumidos en sus preocupaciones, viviendo vidas lejanas a esta historia, aunque ella era la menos indicada para juzgar dichas conductas puesto que fuera de su infierno no existía ni importaba nada. Muchas eran las ocasiones que los gritos querían escapar, pero la integridad de la conciencia la detenía junto con la mirada de su dueño. Él desafiaba todas las miradas del género masculino, que fijaban sus ojos en la belleza descontrolada y resplandeciente que emanaba sin control de la naturaleza.

La maquiavélica lava que contenía el monstruo en su cabeza estaba trabajando a marchas forzadas, quería conseguir junto con la constante paciencia, la extinción total o apaciguar ese don que derrochaba su esclava. Solo así hallaría la calma y bajaría el grado de celo, que no lo dejaba conseguir la tranquilidad que tanto deseaba.

Ese paseo olía a normalidad, sin embargo de pronto todo dio un giro inesperado, una mirada más furtiva de otro depredador se posó encima de su agraciada criatura. El captor fijó sus dos almas negras en busca de la atención del susodicho hasta que al fin la captó. Las dos miradas se fijaron sin que ninguna cediera, parecían dos animales sedientos de sangre. Los dos detuvieron su rumbo esperando el duelo para constatar cual era el macho Alpha de la manada. La encantadora mujer, se dio cuenta de que algo terminaría mal, aunque deseaba que alguien le bajara los humos de su acompañante, pero no estaba en su naturaleza el pasotismo. Tardó varios minutos en cortar la tensión del ambiente, decidió que era casi imposible extinguir el lamentable duelo, por lo que se puso de puntillas besando a su novio. Así dejó fuera de combate la locura del pretendiente, apaciguando a las dos bestias. El desconocido se vio vencido por las circunstancias y siguió su camino en busca de algo que no estuviera sujeto a contrato.

Cuando el beso a nivel de película terminó, el macho proclamado Alpha sintió por una parte un agradable triunfo y un fuego calentó su corazón por unos instantes. Al fin volvía a sentir eso tan olvidado denominado amor, pero tanto él como la causante de esa sensación estaban convencidos de que la llama solo duraría unos pocos minutos. La muchacha consiguió un paseo tranquilo hasta llegar a casa; una casa fría la cual le chivó que todo lo que viviría se quedaría entre las paredes, guardado como confesión inaudible.

La atormentada mente del enfermo revivió la escena anterior y, en vez de quedarse con la victoria obtenida, se ofuscó en descifrar la mentira que las voces de los demonios le estaban susurrando. El calor de su cuerpo aumentaba como una olla a presión, todo parecía en calma por fuera, su amante estaba abrazada a él como un koala sin intuir la tormenta que se cocía en el interior. De repente la ecuación fue descifrada en el conocimiento del loco, no se perdonaba la ceguera proporcionada por la manipulación de su novia. Inició de manera cínica una ronda de preguntas sin sentido para que la culpable confesara. Ninguna confesión pudo ser extraída puesto que era inexistente, era dura de pelar, sin embargo él se sentía mejor preparado confesándole todos los sentimientos que su comportamiento le habían provocado. Le preguntó el porqué de dejarlo como un hombre débil delante de tanta gente. La actuación de corazón le había golpeado el ego de una forma ruin según su escasa capacidad mental.

Ella con el rostro desencajado, no lograba terminar una frase con suficiente sentido lógico que disminuyera el aumento del tono del agresor; las palabras la iban hiriendo más y más, tanto que se estaba volviendo diminuta frente al gigante acosador. El agresor viéndose cargado de razón en su mente, dejó que el mal tomara el control de su cuerpo y le asestó un golpe que sorprendió a ambos. El momento era irreal, la dulce mujer recibió un dolor físico e interior que marcaría un antes y un después en su vida. El hombre, a pesar de sentir algo de miedo y culpa, llegó a notar el poder en sus manos, así que para volver a sentir esa sensación de grandeza trató de golpearla otra vez, pero Dios le dio unos reflejos sobrehumanos a la agraviada y seguidamente con una técnica cedida por el dueño del todo, le asestó una patada en las partes donde se creía que contenía toda su hombría. El demonio retrocedió un instante aunque solo fue para tomar impulso, se retorció por momentos, pero cuando el dolor solo era significativo descargó toda su prepotencia hacia la mujer. Fueron solo minutos, no obstante la mujer se hizo cargo de sus errores. Defenderse hizo que el resultado fuera peor a las demás palizas. Los golpes al principio le confirieron un dolor terrible, aunque pronto los refuerzos inyectados por el cuerpo en forma de calmantes acudieron a través de todos los conductos para llegar a cada rincón; unos calmantes naturales que le ayudarían a soportar el sinsentido.

El salvaje se desahogó hasta sentirse bien consigo mismo, sintió una paz mezclada con nervios que lo hacían jadear como un becerro. La miraba desafiante, con las retinas cubiertas de un cristal fino que le transmitía a su cerebro la razón y una escena diferente a la vivida. La casi moribunda mujer yacía como un ovillo en el suelo, aún en estado de desconexión y miedo. El mismo ambiente le suplicaba que se quedara en total quietud hasta que a la bestia se le pasara la enfermedad de la cólera. Gritos saliendo por todas partes de forma inaudible, desconcierto y pensamientos de futuro próximo. Impulsos de desaparecer o salir corriendo para salvar lo que en ese momento aún llegaba a valorar, dejar sola a la bestia para que se mordiera su negra personalidad.

Pasaron largo rato en quietud, los dos en el suelo esperando reacciones, pero lo único que se atrevía a pronunciarse era la respiración forzada de ambos, uno por el cansancio y la otra por el intento de oxigenar sus pulmones, con sonidos raros otorgados por la paliza.

La bondad se atrevió a dar el primer paso sacando su cabeza del escondite de protección que la había ayudado a salvarse y, con un rostro casi deforme miró a los ojos a quien ya había perdido toda la hombría. Los actos anteriores le quitaron todas las medallas y galones que ella durante años le concedió, el rostro del ángel estaba al nivel de las películas de terror más taquilleras. Si hubiera salido así en carnavales hubiera ganado el primer premio al mejor maquillaje, sin embargo eso no era un concurso, por desgracia era la realidad. Dios hubiese tenido que llamar a su contrincante, la muerte, para que se introdujera dentro del malnacido y, lo llevara a la ruina con alguna enfermedad, padeciendo sufrimiento y agonía. Ese no era el plan, nadie sabe porqué, pero no lo era, simplemente el diablo miró su obra de arte y al verla, el príncipe pastelero volvió a llenar el corazón del susodicho y se puso a llorar con desesperación, creando un espectáculo de disculpas que ni el ganador del Óscar a mejor actor pudiera ofrecer a la pantalla. Era todo un experto aun siendo principiante y pronto, si la victima continuaba con él, se volvería un actor de renombre, haciéndose conocido incluso por el mismo satanás.

Arrulló al ángel entre sus brazos, la primera reacción de ella fue apartarlo con las pocas fuerzas que acudían a su cuerpo, pero con el miedo instaurado a flor de piel se dejó manipular para no llamar la atención de los demonios, que se escondían sonrientes debajo de la mesa del comedor. Le hacían señas de decapitación y otros símbolos que ella entendió a la perfección. Pronto debería tomar una decisión: o se escapaba de la cárcel y se escondía delatando a su compañero de celda o seguía en el infierno adaptándose a la vida del maltrato. En ese mismo instante, lo único que pasaba por su delicada mente era que el tiempo le quitara todo ese desgarro para ocultar la verdad a quien no debía de verlo. Solo con ese pensamiento ya se dijo a sí misma que durante un tiempo seguiría en confinamiento, ya recuperada tomaría la gran decisión de sus vidas.

Él, una vez su corta mente pensó que la manipulación había surgido efecto se fue al bar con su vileza, dejando a la flor sentada en el sofá. Ella se sentía destrozada anímicamente incluso más que físicamente. Se levantó para ver la obra de arte que le había pintado el artista, el camino dolió en cada uno de sus músculos, pero era de vital importancia ver su reflejo. Cuando logró llegar donde se refleja la verdad, casi necesitó fuerzas para no dejarse vencer por un desmayo. Era tan horrible lo que se veía por el espejo, que el alma se rompió en mil pedazos llenando de preguntas su mente, rebosando el afluente al límite.

—Dios, guárdame del amor, no quiero que me amen tanto, el amor duele demasiado, por favor Dios mío, por favor. —El llanto y las palabras rompieron el corazón de los seres de luz, que guardaban los sentimientos de los ángeles terrenales.

Los huesos y las entrañas estaban intactas, los vómitos se sucedían sin cesar. Suspiró aliviada en parte, una victoria con sabor amargo se reflejó en el marcador ya muy deteriorado. Era una lucha interna que se avecinaba efímera.

CAPÍTULO VII

ÁNGEL JOVEN III

"El amor puro no tiene memoria."

La sabiduría se respiraba por todos lados, la mezcla de sentimientos se hacía notoria en esa propiedad, al juntar la dirección de las almas, los dos seres especiales y sorprendentes se abrazaron de nuevo dejando todo el escenario en segundo plano. No importó que los sentimientos que desprendían chocaran con las paredes y derrocharan grandeza, contagiando con el medicamento de la bondad. Los progenitores del ángel eran engañados de nuevo, pero esta vez la felicidad era totalmente cierta y desconcertante, el engaño se ocultaba en lo más profundo para no ser percibido. No obstante, cualquier ser observador hubiera podido distinguir las diferencias del proceder de la protagonista de sus vidas.

Todos quisieron dar amor a la sabiduría y ser recibidos por ella con la sobriedad olvidada de años anteriores, pero eso no era posible. El demonio, con el paso del tiempo pudo introducirse en la mente de la bondad a través de un resquicio: el olvido y el despiste de forma gradual.

Cuando luchaba en contra de los demonios muchas veces reconocía a las almas derrochantes de amor y, cuando eso sucedía incendiaba el interior de los agraciados con tal lotería. La última de la familia entendía cada gesto de su razón de vivir, las arrugas no podían esconder ni disfrazar todo lo que quería expresar, aunque no le salieran las palabras o el olvido le arrebatara su entendimiento. Sin duda alguna sabía leer entre líneas. Siempre que se presentaban a adorar y a dar amor a la que tanto se lo merecía, se transferían miles de palabras a través del lazo de los dedos en contacto de ambas manos, una con tanto que aprender y otra con demasiadas cosas que contar. La imaginación se presentaba rauda en la mente de la pequeña dibujándole a través de la otra piel, todo de historias interminables. En un momento la fuerza de la mano empezó a aumentar, le estaba trasfiriendo una historia, podía incluso revivirla.

"Era otra época, el intelecto era sereno y brillaba en su totalidad, las risas se entrelazaban sin saber muy bien cuáles eran los autores. La mente era sana y la cultura rellenaba todos los rincones, nadie podía predecir que el deterioro se estaba fabricando escondido entre los genes. Por aquel entonces, la joven ahora convertida en anciana, construyó durante años una unión entre los suyos que hizo posible el amor recíproco que le profesarían de por vida. Quizás fue tanto el esfuerzo que mantuvo durante años, que podría ser el problema del presente. Un destello les confirió la imagen de una pequeña criatura en sus brazos, sin habla. Incluso con sus quejidos le provocaba un amor fuera de lo terrenal, sin dudarlo, el amor más puro que ni el mismo Dios podía juzgar. La calma que sentía la pequeña en manos del primer ángel era absoluta, las dos estaban creando un vínculo nieta-abuela que llegaría a fusionarse hasta el fin de lo conocido."

La niña volvió a la realidad y la anciana escrutó cada uno de los rasgos de la pequeña, esa mirada perdida llena de desconfianza hizo que al ángel se le humedecieran los ojos. El demonio del olvido estaba corroyendo el entendimiento justo en ese momento, incluso el enojo de su mirada propició una escena propia de una película de terror. Las preguntas directas eran hirientes, sin que la pequeña pudiera defenderse del terrible ataque de acusaciones. Se estaba alejando de la realidad y estaba volviendo a su niñez a través de las manchas de su piel. Ni ella misma al ver sus manos reconocía dónde se hallaba, como si la hubieran disfrazado de anciana, su enfado y desconcierto estaban demasiado acentuados. Los ojos de la niña se quebraron por completo, pero la reacción y la empatía dieron un respiro a la irrealidad del momento que se vivía. El ángel agarró otra vez las manos temblorosas y, dirigió su alma regalándole unas palabras apaciguadas y llenas de amor transmitiéndole paz y haciendo mella en su corazón. Acto seguido los ojos se les humedecieron a ambas, dando una escena de lo más conmovedora, al fin el pasado y el presente se juntaron fusionándose para dar una tregua a los corazones. Los demonios quedaron vencidos por momentos y, en unos minutos el perdón salió en todas las trayectorias sin tener que aceptarlo dado que no era fruto de la cordura. El cariño y la tranquilidad volvieron a ser las protagonistas de la velada, fueron las horas que necesitaba la pureza para recargar la afligida verdad. Detrás de la sabiduría estaba de pie la segunda bondad personificada, menos expresiva para con la anfitriona, aunque dando energías positivas a raudales.

La copia mediana de la niña estaba visitando a sus progenitores, eran muchas las veces que se presentaba a recargar el alma de amor puro. En sus pláticas rebosaban las historias de la niñez e incluso de la llegada al mundo de ambas. Las dos a temprana edad se convirtieron en ángeles; el ángel pequeño estaba orgullosa de no ser la única incomprendida de la terrible estancia, ambas estaban inmersas en el recorrido de la crueldad vivida.

En la mayoría de las visitas los abrazos eran un ritual habitual entregándole lo que tanto le hacía falta pero nunca pedía, los progenitores seguían siendo ciegos creyéndose las mentiras de ambas para no perturbar su paz interior.

La menor, con su poder intuitivo, veía con claridad la poca esperanza de la pureza de su hermana. Al mirarse se compadecían la una de la otra, ya que todas sabían que estaban en un mundo que no las aceptaba y las terminaría por desechar de distinta forma. El maquillaje le disimulaba los golpes y los moratones del amor; ese tan intenso que transformaba su luz en destellos efímeros como saco de boxeo. La una quería salvar a la otra, pero entre miradas se decían que solo necesitaban experimentar el transcurso de la vida, para hallar el destino que Dios y solo él les había preparado. A veces dudaban de la fe con la que se habían criado desde antes de nacer incluso, aunque también entendían que las pruebas las debían de superar ellas. Era una película que estaban viviendo de forma intensa e intolerable.

La droga de la tecnología estaba sonando en el silencio de la estancia, siempre que el ángel mediano pisaba terreno amistoso, el control en forma de sonido llamaba a la puerta del miedo. No estaba dispuesta a dar explicación alguna incluso sabiendo que ese proceder daría paso al dolor. Esos momentos mágicos eran los únicos a los que se aferraba como al propio respirar. Pasaban las horas y los nervios atenazaban su alma, dubitativa estaba pendiente de Cronos, pidiéndole un poco de comprensión. Necesitaba tiempo para gozar y tomar impulso, para afrontar el precio del pecado según el maléfico.

Ya llegando la despedida, todos los presentes se fundieron en abrazos entrelazándose sus energías para quedar en una sola. Al tomar contacto, los dos ángeles se miraron fijamente y se dijeron unas palabras inaudibles, casi las mismas, pero en sentidos opuestos. Lo que sintieron al conectarse fue un cúmulo tan grande de tristeza interior, que se tuvieron que separar en pocos segundos para no terminar en un desmayo del destino. Todo lo que les ocurría a las dos lo reflejaron con claridad, siempre les pasaba lo mismo y lo encubrían con metros de disimulo, los ángeles eran capaces de revivir la vida de sus semejantes. Ninguna de las dos hubiera deseado cambiarse por la otra, ya que quien tuviera mejor presente terminaría con un futuro terrible.

Terminados los abrazos, el ángel visitante debía marcharse a su infierno personal a luchar, a tratar de liberarse de la posesión que infectaba a su carcelero.

El día se escondió detrás de las montañas más altas, dejando la proximidad del fin de la calma a la vuelta de la esquina. Recargada con energías renovadas, la adolescente se decía en su interior que la fortaleza adquirida le sería suficiente para afrontar la próxima batalla. La señora firmeza se instauró en la profundidad donde se escondía la seguridad haciéndola también reflotar, para ayudar entre ambas a la niña a superar sus miedos, estaba segura y lo cumpliría. Su rostro era tan distinto que ni tan siquiera se reconocía: sonriente, despreocupada, con unas fuerzas que desobedecían las leyes de su rendición.

Fue un fin de semana mágico, su habitación se quedó celosa de las otras estancias puesto que poco fue lo que la guardó en su interior. Sus progenitores aprovecharon la bonanza para sacar recuerdos de las páginas con rostros jóvenes e inocentes, jugar a juegos de mesa e incluso mirar películas que llenaban la sala con olor a palomitas. Era tan agradable la imagen, que el sofá los abrazaba a los tres. Satisfecho de llenar toda su capacidad les dio un descanso como agradecimiento, pasó el mejor fin de semana que su memoria lograba recordar.

Tumbada ya en la cama recordando la maravillosa familia que atesoraba, sonreía mientras sus cicatrices desaparecían con cada brote de felicidad, rellenándolas hasta dejarlas invisibles. También consiguió imaginar el futuro próximo, enfrentándose de una vez por todas a sus miedos e ir a su escuela con la cabeza bien alta. El sueño terminó por dar fin a todas las sensaciones instaurando paz y descanso en todo su delicado ser.

CAPÍTULO VIII

ÁNGEL MAYOR III

La mente sin cordura necesitaba aire puro, desaparecer e irse lo más lejos posible para no seguir causando molestias. Intuía que durarían un tiempo intangible, que solo produciría dolor momentáneo. Su alma era de carácter libre, necesitaba escapar del control férreo de los ángeles que había creado durante su lucidez. Era una ardua tarea, pero sin duda lograría en un momento de despiste ir a visitar la naturaleza de donde proviene todo ser vivo. Su hija o esa mujer extraña por momentos no la dejaba ni a sol ni a sombra, la tenía en una especie de control demasiado asfixiante incluso para quien disfrutaba de la compañía.

Días atrás, la mujer sabia había rehusado la oferta de mudarse a la casa de su hija junto con el ángel joven que tanto amaba. No era que no quisiera pasar tiempo con ellos, pero la energía de la casa y los recuerdos era impensable dejarlos atrás. Muchas veces incluso con la mente quebrada podía oler el perfume de la piel de su amado, esa fragancia que la trasladaba a esos momentos de felicidad extrema; los susurros de la voz de su esposo resonaban todas las noches, calmándola y cobijándola en el amor más puro jamás visto. Una ligera sonrisa se le dibujaba en la comisura de sus labios, disimulándola un poco para que nadie intuyera lo que guardaba en su caja fuerte. El mal siempre la estaba acechando, le había puesto muchas piedras en el camino a lo largo de su vida, aunque ella las había esquivado todas enfrentándose sin miedo, sin embargo los demonios lucharían sin pausa hasta librarse de lo que más temían, un ángel repleto de conocimientos en contra de la maldad.

Mientras la sirvienta se estaba apropiando de los quehaceres, confiada en la quietud y buen comportamiento de la custodiada, algo sucedió. Como una señal divina después de varios días de cautiverio, la luz penetró por la puerta de la entrada. Esta chocó contra la mente de la enfermedad frenándola por momentos y dando un discernimiento extremo para con la verdad de la vida, Dios estaba guiándola. La niña sonriente salió rauda a pesar de todos los achaques, pues estaban pausados; justo al atravesar la salvación para salir a la jungla, los duendes cerraron la puerta detrás de ella sin hacer el menor ruido, tapando sus bocazas ahogando las risas, quitándole el mérito al Señor y atribuyéndoselo como propio. Un acto un tanto soez.

Sentía a la naturaleza hablándole en formas jamás descritas, disfrutaba al respirar el aire libre y se regocijaba, al tiempo que el viento la acariciaba sin pedir permiso. Los primeros pasos fueron lentos y erróneos, le tomó demasiado tiempo el primer tramo para huir de la cuidadora. Jadeaba como recién terminada una maratón, su mente le infundía fuerzas, pero su cuerpo se oponía a las peticiones de esta. Luchaba con todo, incluso con las almas desprovistas de cuerpo que le susurraban lo que ella no aceptaría, una devolución de su cuerpo a la zona segura. Fueron varias las discusiones con las entidades, aunque como no tenían poder para obligarla, apagó la emisora que las retransmitía.

Estaba dispuesta a todo con tal de no ser una carga, así que en contra de las leyes del Universo se concentró y su cuerpo se llenó de energía. Su fina blusa se rasgó por detrás; la carne y la piel empezaron a moverse como si tuvieran algo guardado en su interior. La falta de práctica le supuso un poco más de tiempo, pero poco a poco su espalda se dilató, y como de la nada empezaron a brotar dos bultos simétricos. La imagen era de una belleza desconcertante, la soledad la rodeaba dándole tiempo para seguir con su propósito.

Un pequeño gemido fruto del esfuerzo salió de sus entrañas, los ojos se le iluminaron y acto seguido, se desplegaron detrás de ella dos velas en forma de alas; unas alas majestuosas en cuanto a tamaño, aunque no lucían como antaño. Eran de una belleza indescriptible, pero con algunos agujeros presentes, quizás de no usarlas o de usarlas en demasía; el color no era tan blanco, sin embargo seguían mostrando la belleza de un ángel. Las movió para ver la funcionalidad e intentó tomar vuelo, no obstante era imposible, igual que su cuerpo estaban desgastadas, solo las podía usar para un vuelo a ras de suelo. Sin pensárselo ni un segundo más puso el control automático y moviéndolas acompasadas empezó a levitar, una levitación de poco menos de dos palmos, pero la rapidez con la que se trasladaba era proporcional a una gacela.

Las criaturas mundanas se quedaban boquiabiertas al verla pasar, algunos incluso se postraban en el suelo a modo de plegaria al ver algo de tal majestuosidad, sin embargo ella no tenía en cuenta a nadie, solo huía de todo.

Era como un fantasma que fluía entre las corrientes del aire puro de la naturaleza, estaba a un nivel tan superior a toda la humanidad que la vida le concedía su último deseo de tranquilidad. Las alas un poco quebradas por el pasar de los tiempos, aún lucían con un brillo especial. Cuando la luz del sol la iluminaba, unos destellos reflectados por estas iban directamente al espacio creando ráfagas brillantes; unas que en otros mundos provistos de vida podrían ver cómo una estrella palpitante antes de su pronta extinción.

Tal alboroto fue captado por el guardián de la tierra y, no muy contento con tales actos, se dispuso a tomar medidas para frenar esa puesta en escena tan descuidada. En contra de su propia voluntad tomó contacto con su enemigo eterno obligándole a mandar a uno de sus súbditos a terminar con el espectáculo. Al principio el mal se negó a cumplir la petición, ya que estaba disfrutando de la locura de la hija del Señor, pero agachó las orejas al ver que la petición era una orden en firme que podría llegar a tener consecuencias eternas.

La velocidad la alejó bastante de la casilla de salvación, aunque no lo suficiente, intentó aumentarla, pero algo salió mal pues en vez de aumentarla notó el contacto con el suelo. La levitación se le había terminado o más bien arrebatado, pero eso no era lo peor, no era capaz de dar un solo paso, las alas se escondieron como si intuyeran algo. Debajo de ella aprisionando sus tobillos estaban dos garras que salían de la tierra, estas apretaron fuerte las varices de sus piernas y, como si fueran arenas movedizas empezó a hundirla en lo más profundo de la tierra. Sin oposición accedió a ser arrastrada, ella era un ser divino, sabía que era fruto de su descuidada, pero necesaria actuación.

Dios, al ver como su hija era arrastrada hasta desaparecer de la vía pública empezó a desmemoriar a toda la gente. No le fue muy difícil, apenas unas décimas de segundo y todo volvió a la normalidad.

De mientras, en las entrañas de la tierra…

La mujer estaba en una especie de túnel, el ser del mal la estaba mirando fijamente con algo de respeto y comprensión, los dos estaban igual de fascinados al ver criaturas tan hermosas y contrarias. No tuvieron ninguna palabra, ella siguió los túneles detrás de su anfitrión. En esa zona no le dolía nada, era extraño, con la falta de oxígeno y ventilación, el cuerpo estaba como anestesiado aunque fluía de forma extraordinaria, la edad y la realidad se perdían en las zonas de los seres no mundanos. Esbozó una plegaria de agradecimiento para quien la había cuidado desde pequeña; ese rezo estremeció a la criatura, ella le pidió perdón con una mirada. Siguieron hasta llegar a un sitio sin salida, el final del trayecto, no obstante ella no temía nada, el ser le regaló una risa algo perturbadora y se esfumó. La mujer cerró los ojos y algo confundida se proyectó hasta que al abrirlos estaba en un bosque.

Anduvo cuerda durante hora y media alejándose más de sus captores, ya que no sabía que tan lejos se encontraba. Quería vivir libre y escapar de todo, no era consciente de lo que le esperaba, aun así seguía sin mirar atrás. Las lágrimas no acudieron a sus ojos puesto que solo le parecía un acto de amor a escalas inimaginables, al fin dejaría en paz a su familia sin intuir que les quebraría el corazón y, lograría la desdicha de alguien muy cercano a ella. Cuando estaba lo suficientemente alejada, el señor del destino le robó la capacidad de orientación y le quitó todo su pasado próximo, para dejarla en desventaja. El viento la llevó hacia el interior del bosque pasando por caminos y lugares poco transitados, solo habría otros duendes que le darían de nuevo cordura momentánea, para reírse de la desgracia del ser humano y nutrirse con la confusión de la bondad.

A la hija de la recién desaparecida se le cayó el alma a los pies al salir de la cocina y percatarse que su ángel materno no estaba aguardando en el salón. Antes de precipitarse la llamó muchas veces escudriñando cada una de las estancias de la casa, con un tono de voz más desesperado y aumentado en decibelios. Fueron muchos los minutos de desesperación y búsqueda incluso por los rincones más ínfimos. Era imposible, se decía, para calmar sus nervios.

Al llegar a la desesperación, los duendes le pusieron cordura y lucidez para que se diera cuenta de lo mala hija que era al no empatizar con lo que su mamá pensaba. Al caer en la cuenta que podía llegar a ser una despedida para siempre, llamó con rapidez a la policía. Los nervios la hacían expresarse con una voz entrecortada, pero la muy experimentada teleoperadora consiguió descifrar el mensaje. Después salió de la casa buscando por los aledaños. Sus nervios en pocos minutos la dejaron fuera de juego, llorando arrodillada en forma de rezo, dando un espectáculo descorazonador a vista de todo ser viviente.

La huida anciana se fue de forma transparente a ojos de los que la amaban , la suerte y la esperanza se alejaban de la familia, el amor no era suficiente para adivinar la ubicación, los familiares de la anciana estuvieron intentando completar el rompecabezas con las piezas de sus corazones, pero cuando conseguían poner algunas, otras se desprendían fruto de su fragilidad. Unos corazones ya quebrados por otros motivos llegarían a ser inservibles en poco tiempo, ningún motor enciende sin una chispa provocada por el calor del fuego del alma.

MENTES DETERIORADAS
Sabiduría escondida entre laberintos de confusión.
Vejez repleta de historias jamás reveladas.
Pozos sellados y obstruidos por el pasar del tiempo.
Miradas de extraños exentas de interés.

Vivencias olvidadas caminando hacia el abismo.
Mecánicos y ciencia sin respuestas para frenar el tiempo.
Corazones agrietados buscando respuestas.
Ángeles abatidos imaginando la paz infinita.
Aflicción y respuestas sin determinar.
Viajes finalizados y enterrados en lo más profundo del olvido.

CAPÍTULO IX

ÁNGEL MEDIANO III

Absorbió durante muchos días el aire causante de enfados, el demonio muchas veces con ganas de salir era aplacado por falsas palabras de amabilidad, sin llegar a llenar el vacío que cubría con las palizas. El príncipe salía para agradecer la calma de sus pensamientos y acariciar la afligía que sentía su mujer por la ausencia de noticias de su pedazo de vida. Las caricias y el buen trato eran una neblina que debían de aprovechar ambos para acercar posturas. Por unos días, incluso la ilusión cuidadosa regresó, al fin podía disfrutar de la libertad y del sencillo placer del aire que entraba por la ventana. Era todo tan hermoso dentro de la casa que hasta las mariposas se atrevieron a salir para saludar y aplaudir con sus alas el maravilloso despertar. El control sigiloso que él llevaba a cabo cuando veía salir a su maravilla para visitar a su familia cedió tanto, que incluso el amor regresó a los ojos de ella. Sin embargo ella era muy cauta, por lo que estuvo buscando día tras día el papel del recibo de la devolución del carácter del ogro, para cerciorarse que era irrevocable. No lo encontró por ningún lado, por lo que se agarró con fuerza a la voluntad del señor, Él, sin duda alguna cuidaría de que el dolor se quedara fuera del santuario de su casa.

Pasaron varios días de calma, ella engordó lo proporcional para su estado, sumándole una pequeña suma debida a su nuevo estado de quietud emocional, aunque la tormenta podía llegar en cualquier momento. Esa noche recién llegaba de visitar a su familia, guardando una terrible aflicción por la falta de noticias sobre el paradero de la creadora de ángeles, encontró a otro hombre sentado en su sofá; un hombre casi olvidado. No entendía quien había invitado a su ex novio. Mirando al infinito se encontraba él, guardando algo en su mente que seguro las voces en ese momento le susurraron.

—Quédate quieto, solo esperemos a que regrese mi novio, por favor —pidió ella, en tono de súplica.

Dejó la mirada plantada en el infinito y se posó en sus húmedas almas a través de las súplicas de grado superior. Esa mirada no se percibía como humana, era imposible que alguien pudiera contener tan alto grado de odio y estar con el corazón latiendo. Lo imposible se estaba instaurando en esa criatura que con un movimiento desconcertante se puso en pie casi levitando, sonriendo y relamiéndose los labios como si fuera a engullir parte de su presa. Por el contrario, la dulce voz de la esperanzada mujer lo intentaba de calmar con palabras que amansarían al mismo diablo, aunque las orejas del loco estaban taponadas por los susurros incesantes de su cólera. El control de su persona era gobernado por fuerzas inexplicables que ni por una bella mujer dejarían que nada ni nadie detuviera su propósito.

Ella se rindió y relajó su cuerpo hasta caer de rodillas, estaba preparada para la desconexión, sin embargo antes protegió el fruto de sus entrañas, por el que casi consigue alcanzar la felicidad. Sin mediar palabra y sin entender el porqué, empezaron los golpes y las blasfemias. Los gruñidos que brotaban de su voz eran sin duda alguna los de un ángel caído, se decía para sus adentros que ese no era su amante y acompañante, nada más era alguien agregado a esa casa.

El dolor se disipó mucho antes de la finalización de la escena, la desconexión era tan eficaz que incluso la muerte se tornaría dulce si llegaba para llevársela en ese estado. No estaba dispuesta a ponérselo tan fácil a la señora que se lleva almas, la suya era valiosa y por eso tantos demonios la querían, pronto le pondría un precio inalcanzable para quien procurara pagar las tasas. Mientras estaba ausente, las sonrisas incesantes de las criaturas que los envolvían eran nauseabundas. Disfrutaban del dolor de la bondad, eran cobardes porque nunca se dejaban ver, escondidas como ratas solo salían cuando su jefe estaba actuando.

Evitó tanto como pudo el desmayo, aunque sin éxito, pronto la ausencia fue total abriendo la protección de lo más valioso que había obtenido durante su vida. Ahora el destino no se encontraba en ella, estaba escrito en la hoja con el veredicto que se le entregaría una vez despertara.

Un tiempo incierto después…

Se encontraba tendida en la cama en ese momento y, su agresor sentado en el otro extremo con las manos cubriendo su cara, como si estuviera aguardando algo. Al sentir cómo la bella durmiente despertaba, después de comerse esa manzana tan envenenada, el príncipe acudió a su rescate. Su rostro era algo desconcertante, llorando y pidiendo perdón como de costumbre, no era algo nuevo. Seguía sintiendo ternura al verlo de esa forma, aunque ese sentimiento perdía fuerza. En ese instante no se aceptaron los ruegos, a ella le dolía todo el cuerpo, esa paliza podía llegar a ser considerada un asesinato del ser inocente que residía en sus entrañas.

—Creo que mataste a tu hijo —dijo la joven, mientras

sus manos escrutaron la respuesta a la nueva energía que habían creado bella y bestia, como si buscara una señal de vida dentro de su vientre.

El casi hombre se le tornó desfigurado el rostro, se podía ver el miedo en la mirada y el odio hacia sí mismo se respiraba en el ambiente. Presto se empezó a golpear la cabeza como si quisiera canalizar su ira, ella estaba llorando por su bebé, mientras veía que el padre del susodicho no era apto para el cargo que le hubiera dado la espera. Ella quería ir al hospital, pero el carcelero la frenó, si iba en esas condiciones las fuerzas del orden los separarían y eso no podía ocurrir, puesto que ella era de su propiedad y nunca jamás nadie se entrometería para lograr el fin de su empresa..

El tiempo se fracturó, la pérdida y el aborto del amor que no pudo experimentar la mataron por dentro, tanto que la esperanza ya no le valía. Despreciaba el destino y toda vivencia que pudiera llegar, después de ver como se perdía el sentido de la vida. Los valores eran despreciables y por el contrario la esperanza del amor acudía a su mente de forma borrosa. Solo podía comprender el amor que con anterioridad le dieron sus familiares. Nunca lo volvería a sentir, estaba cansada de la repetición de las escenas de la misma película.

Así pasó el tiempo, ella anhelando que se desencadenara lo que terminaría pasando, aunque el demonio se escondió una temporada fruto de su parricidio. Ella estaba segura de que ni con ese trauma la mente se sanaría, así que se dispuso a esperar ese momento que la liberaría de toda condena. Nunca le podría perdonar el hecho de matar a su hijo, sin embargo no estaba dispuesta a vengarse, eso era cosa de Dios y ella estaba bien segura, que la tortura lo mataría en el momento oportuno.

CAPÍTULO X

ÁNGEL JOVEN IV
FINAL

Ajena a la ausencia de su abuela, ella andaba con seguridad, con la cabeza bien alta, por donde pasaba crecían flores de la energía renovada que transmitía. Los jóvenes la admiraban boquiabiertos, todos querían su amistad, pero ya era tarde, ella no aceptaba a nadie en su club, si en las malas nadie la rescató ahora nadie sería bueno a sus ojos. Se cruzó con el virus, su mirada permaneció alta y desafiante; el mal quería interceder y terminar con esa mocosa, sin embargo no era el momento. Un aura la estaba protegiendo, cegando los ojos envidiosos y malvados, poniendo en sus mentes el miedo a algo superior. Esa energía que la cubría, le hizo pasar el día como hubiese querido que fuera desde que empezó su pesadilla, pero ya era hora de convertir el infierno en un sitio de culto como estaba programado. Había jugado todas sus cartas y las dueñas del sitio, ni tan siquiera servían para llevar una mano ganadora, así que también las excluiría dejando fuera su nombre del libro de la vida, la incompetencia las llevaría a lo más hondo de su frustración. Se dispuso a aprender todo lo posible esas horas y disfrutar como todos los niños merecían, el campo de seguridad lo debería de alimentar en todo momento para no volver al pasado. Todo lo que ocurrió ese día, sin duda alguna era gracias a la unión tan fuerte de su familia, algo de lo que pocos podían presumir, todo sucedió a pedir de boca, tanto fue así que cuando se dio cuenta, ya había terminado la nutrición de lo aprendido.

Llegó a su casa después de saborear cada uno de los minutos vividos, no obstante la escena que se encontró fue algo desoladora. Sus protectores nerviosos y con los ojos llorosos recibieron a la pequeña con abrazos llenos de significado; uno que pronto cobraría sentido. Mientras le contaban los problemas, la niña escuchaba todo como si estuviera encerrada en una pesadilla, las palabras hacían eco en sus oídos; ella confiaba en que todo fuera una broma de mal gusto, pero eso no sucedió. La sabiduría salió sin avisar a nadie, muchas eran las horas que llevaban sin saber de ella, como si la hubieran abducido. Las noticias eran nulas, todo lo que le pudiera ocurrir se lo atribuían a cada uno de los miembros de su familia, puesto que no se podían permitir el privilegio de dejarla sola y menos, con las criaturas que le iban deteriorando la mente. La niña desconsolada pronto se unió a la fiesta de llantos, su imaginación demasiado desarrollada le dejaba ver escenas terribles. Las intentaba de borrar, pero a pesar de ello los duendes le ponían otras para martirizarla. Como no podía librarse de tales pensamientos fue rauda a su cueva para pedir asilo, sus padres intentaron disuadirla de su aislamiento, pero era demasiado escurridiza como para ser capturada aun siendo por su bien.

Se acurrucó en su cama preguntándose porqué la vida no le daba una tregua, ahora que parecía que su situación personal estaba sanando, la mujer que más quería podía estar sufriendo en algún sitio, perdida y triste buscando brotes de lucidez en su mente, para hallar el camino de vuelta a casa.

La habitación le daba vueltas, no quería seguir llorando, necesitaba calmarse, pero nada la apaciguaba. Optó por su modus operandi que de tantas malas situaciones la había salvado de la realidad, sacó la hoja cortante del primer cajón de la mesita de noche y, mirándola fijamente le dio gracias por ayudarla en todas sus flaquezas. Deslizó con suavidad el filo por la piel de su brazo, saboreando las sensaciones que el frío metal le provocaba, la debía de hundir un poco para liberar tensión, aunque no había prisa por lo que recorrió los dos brazos disfrutando de su cercana locura. Cualquier persona viendo esa escena, sin saber el porqué de las cosas, pensaría que la esquizofrenia era evidente, mas no es bueno juzgar sin entender el porqué del delito. Una vez estuvo repleta de control sobre su piel, empezó a apretar con suavidad mientras deslizaba dejando un fino dibujo; primero unas líneas blancas que se volvían rojas, en algunos puntos, alguna gota de vida salía al exterior librándose del cautiverio de las venas. En cada deslizar cerraba los ojos y se dejaba arropar por la paz que le transmitía el dolor. Los gritos y el llanto se quedaban escritos en forma de cortes, su piel extrañaba esa sensación de tortura. Muchas eran las entidades que expectantes disfrutaban de la práctica inusual de un ángel perdido en un mundo incomprensible.

Pasaron varios días de la desaparición, la angustia un día sí y el otro también, le daba respaldo para que terminara buscando la paz flotando sobre su colchón. La capacidad de salir volando mientras chocaban sus neuronas la llevaban a buscar por todos lados, visitaba la realidad de los paisajes más cercanos e incluso escenarios que escapaban a la inmensidad de nuestro planeta. Estaba convencida de sus capacidades para rastrear almas únicas, aunque la confianza no era más que un mero espejismo para seguir luchando por las esperanzas pendientes de un hilo de telaraña. Durante todos los días, llamadas cargadas de información de personas que se habían cruzado con ancianas inundaron la esperanza de la familia, pero pronto se escurrieron por el desagüe fruto de la falsedad de la mayor parte de ellas. Las primeras dieron algo de luz, sin embargo las que siguieron eran una pérdida de tiempo irreparable. Todas las noches pensando en lo peor, la niña usaba toda su aflicción para aliviarse con su tortura. En la escuela la tranquilidad era extraña, ahora podía atar cabos, los niños a través de sus familias estaban enterados de la tragedia, por lo que ya todos creían suficiente penitencia lo que le estaba pasando. Los virus, entre dientes sonreían recreándose en las historias llenas de conjeturas de lo que se barruntaban que le había pasado a la frágil anciana. La información que corría entre emisores y receptores se iba corrompiendo, transformando unas simples hipótesis en verdades de lo más descabelladas, dignas de libros de terror. Todo ese proceder de los virus y su alegría sobre lo que estaba sucediendo, estaba siendo atendido por Dios. Él lo anotaba para tenerlo en cuenta en su futuro. Estaba encantado de que se lo pusieran tan fácil, las piedras que se encontrarían más adelante les harían recordar esos instantes y, reflexionar sobre el secreto del destino. Quizás incluso se arrancarían los ojos al recordar las burlas dirigidas al corazón dañado de una criatura, protegida por la Diosa de la bondad.

Una tarde, después de dos semanas y un día de la desaparición de su razón de vivir, llegaron noticias; unas verídicas, las cuales procedían de un llamado de las fuerzas del orden. Alguien paseando por el bosque se había encontrado un cuerpo sin vida desprovisto de alma, solo encontraron la parte física con el motor apagado. La energía se había propuesto viajar donde la esperaba el que todo lo sabe, para regalarle lo que en vida nunca podríamos llegar a imaginar. Él ganó la sabiduría y la pureza de su querida hija.

En el mundo terrenal, cuando la fatídica noticia de lo que sucedió llegó a los oídos de la frágil niña, chocó con todas sus fuerzas en el corazón del ángel, pero a pesar de ello, solo esbozó un suspiro interminable, como si descansara de algo; algo que nadie podía llegar a intuir. Se guardó todo su llanto y aflicción en el interior. Como si le hubieran contado algo sin importancia se fue a su habitación durante unas horas, mirando al infinito sin intentar comprender o entrar en razón. Sus padres, destrozados por la pérdida intentaron acudir a salvarla, pero ella no quiso, los ahuyentó mostrando fortaleza y serenidad fingida. Le aconsejaron que lo sacara al exterior, sin embargo su alma estaba junto a su abuela. En el mundo físico solo quedaba el cuerpo en funcionamiento. Se concentraba para recordar los momentos más cariñosos vividos con ella, eran tantos que las horas pasaron sin tenerlas en cuenta. Una amplia sonrisa se dibujó en su joven rostro, el señor de los sueños se la llevó para terminar con el cansancio y renovar sus fuerzas; ella, sin oposición alguna, se dejó vencer para que el buen recuerdo le quedara grabado durante toda la desconexión.

Al día siguiente….

Aunque sus padres le aconsejaron no acudir a la cita con el templo del aprendizaje, ella expuso no estar pensando en exceso como motivo de peso, ya que al salir de clase se reuniría por última vez con sus parientes para despedirse de la carcasa de la maestra en la sabiduría. La despedida de su alma, ya se la ofreció en la noche durante sus plegarias junto con las imágenes de los mejores recuerdos, esos que la llenaban de gozo. Salió e hizo el recorrido normal, quería que el día fuera provechoso como su abuela hubiera querido. Estuvo atenta en todas las asignaturas absorbiendo conocimientos, la trataron de forma especial e incluso le dieron el pésame los alumnos y las profesoras, todos y cada uno la cuidaron sin agobios, aunque para ella eso no significaba nada, su pensamiento estaba enfocado en otras cosas.

Estaban a punto de terminar las clases, sin embargo aún le quedaba una tarea, por lo que se fue rauda en busca del virus, su rostro angelical disfrazaba sus intenciones. Al llegar a su altura la niña gruesa por su edad la miró con compasión fingida y le dio el pésame, justo en ese momento en el que la maltratadora bajó la guardia el ángel movió sus alas y le asestó un puñetazo que hizo tambalear todo el rostro de la muchacha. El corazón no estaba repleto de rabia ni venganza, solo estaba buscando otra cosa. La gigantesca niña se giró con los ojos inyectados en sangre y empezó a golpear el delicado cuerpo del ángel. Mientras era golpeada, la agredida reía a carcajadas ahogadas entre quejas, su plan estaba saliendo a pedir de boca. Al tener tanta atención durante todo el día, dos profesoras vieron los acontecimientos. Gritando como locas fueron tan rápidas como pudieron en quitar al tigre de su presa; al escuchar a las dos salvadoras a lo lejos, la delicada niña ocultó sus carcajadas camuflándolas y sustituyéndolas por un lloriqueo tan tierno, que el mismo mal le tendría compasión.

Al fin les quitó la venda a las salvadoras, el plan había surtido efecto. Estaba segura que el monstruo saldría en pocos días de las instalaciones, quitándole al templo el quiste que transformaba un lugar de culto en un infierno lleno de infecciones. Llevaron a la pequeña a la enfermería junto a la sanadora, esta vez la verdad estaba a la vista y en los hechos que le contaron las salvadoras. Pero la sanadora era más lista que las demás y vio que los gritos sordos estaban en el puño derecho de la inteligente niña, le regaló una sonrisa que fue correspondida en señal de complicidad. Las dos tenían el mismo tipo de alma y aunque la sanadora estaba feliz, intuyó un pedacito diminuto casi imperceptible oculto en la mente de la niña; algo que no podía juzgar ni divulgar, pero que le provocó la pérdida de una lágrima que se instauró en su alma, apesadumbrándola por una parte, aunque alegrándose por otra.

—Te entiendo —dijo la sanadora, con una sonrisa repleta de comprensión.

La niña le dio la mano intercambiando energías, luego salió de la estancia pues era la hora del fin del aprendizaje. Toda persona que la veía se la quedaba mirando y cuchicheaba por lo bajo. Eso era irrelevante a esas alturas de la historia.

Llegó a su casa y aunque la agobiaron con muchas preguntas referentes a las heridas de guerra, ella solo dijo que no volvería a hacerlo nunca jamás con el firme convencimiento de la verdad. La creyeron y la comprendieron en parte, todo era reflejo del dolor por el que estaba pasando. Fueron a despedirse de la matriarca, la imagen del cuerpo sin vida no le provocaba ningún sentimiento, puesto que ella se quedaba con todo lo bueno que hicieron en vida, en la muerte ya nada se podía hacer. Los llantos estaban por todo el ambiente, los abrazos y la gente se mezclaban en un baile lleno de aflicción, se tornaron largas las horas hasta que todo se terminó.

A la mañana siguiente la convertirían en cenizas, como ella había pedido en su testamento, cuando la cordura aún era su gran virtud.

Llegaron a la casa y la niña ya estaba agotada de esos días tan rebosantes de sensaciones, por lo que avisó a sus creadores que tomaría un largo baño relajante para ahogar en el agua todas sus penas, ellos se postraron en el sofá mirando la televisión. Encerrada en el baño se quedó como Dios la trajo al mundo, llenó la bañera con agua caliente y se tumbó en ella tan larga era. Todo parecía estar tranquilo hasta que un suspiro largo y profundo se escapó de la joven, de nuevo otro más suave al sentir el proceder ya conocido, luego cerró los ojos. Ella no era de las que quería llamar la atención como la mayor parte de las chicas con problemas, el ángel estaba dispuesta a que el agua se tornara vino hasta que la concentración de vida se desvaneciera mezclada en agua caliente. Los dos cortes a lo largo del brazo emanaban tal cantidad de petróleo de vida, que podía sentir cómo se escapaban todos sus problemas. No era doloroso, al contrario, era una sensación de ensoñación, tan agradable que se culpó por no haberlo hecho antes, el baile de los fluidos era una danza única como huella dactilar. Se estaba despidiendo igual que sus gritos reprimidos, despacio y sin ataduras, lo único que la ataba era su familia pero ya no podía más, desde la muerte de la sabiduría que sostenía sus raíces nada tenía sentido. Las imágenes de su vida pasaron despacio disfrutándolas una a una, el tiempo se detuvo lo suficiente para crear un álbum mental de sonrisas y buenas vivencias, solo le dolía por sus padres, aunque lo llegarían a entender con el tiempo.

Era un ángel que no se adaptó a la crueldad, muchos eran los que perdían la vida si no eran lo suficientemente maduros como para combatir la moda del momento. Todo lo referente al mal estaba en auge, pero a ella ya lo único que le importaba era salir del cuerpo y viajar donde todo es revelado.

—Lo siento —dijo con suavidad con un hilo de voz, usando todas las fuerzas que le quedaban mientras la vida estaba casi ausente.

De repente unas imágenes venidas de la nada abarcaron por completo la visión y el corazón de la muñequita con apenas flujo de vida. Aparecieron sin hacer caso a las normas del tiempo, revelando situaciones que le abrieron por última vez su realidad.

En un primer instante saboreó con amargura las palizas que sufría su hermana, las pocas lágrimas que podía producir su débil cuerpo aparecieron sin remedio. El dolor de los golpes y el alma quebrada de su mejor amiga, los sentía propios sin saber si en realidad correspondían a quien los vivió. Eran escenas vividas en primera persona, tan reales que los moratones se dibujaron en el cuerpo como tatuajes, sin embargo en cuestión de segundos se difuminaron dejando paso a la temida realidad. El corazón estaba sufriendo estragos por culpa de la falta de sangre y la fuerte conmoción causada por las aterradoras imágenes.

Después sin pausa alguna, se trasladó proyectándose dentro de un cuerpo muy conocido y algo confuso, estaba en un bosque desorientada y de golpe sin entender por qué ni cuándo yacía en el suelo, sin movilidad alguna despidiéndose del obsequio de la vida. Entendió estar viviendo el fin de su amada abuela, aunque la vivencia se tornaba propia por momentos.

Los dos videos que Dios le puso en conocimiento antes de partir en dirección a sus dominios la dejaron fuertemente afectada, tanto que al final de forma casi espontanea intentó pensar en sus progenitores, sin embargo uno de ellos se difuminó. Los recuerdos vividos con su padre estaban totalmente en blanco, no lograba recordar situación alguna para poder sacar una sonrisa definitiva. El corazón se le hizo pequeño y solo pudo despedirse con las imágenes del ángel que la trajo al mundo. El sabor amargo y dulce a la vez, se posó en sus labios llevándola a la calma del fin de su vida, ya todas las posibles conjeturas las desentrañaría en la sabiduría que se le otorgaría en otro lugar.

Al detenerse el latido del corazón el alma salió rauda escapando, liberada de la fragilidad mundana. Todo el sufrimiento se desvaneció y empezó a vivir en la nueva condición.

Media hora después de la partida del ser de luz, los padres irrumpieron en el baño al no ser atendidas sus llamadas, una sensación de terror los inundó, tanto así, que con todas sus fuerzas reventaron la madera que los separaba de su bebé. Al entrar, el corazón se les quedó helado, la imagen de la niña desnuda bañándose en su propia sangre, las aberturas de sus dos brazos aun supurando las últimas gotas de vida y, la mirada fijada en otro mundo se les grabaría de por vida. Sacaron el cuerpo sin vida, el padre la tumbó en la cama apretando con fuerza las muñecas para que no se le escapara ni una gota más. La madre temblorosa llamó histérica a una ambulancia para reanimar lo imposible. El frío cuerpo les reveló lo que no estaban dispuestos a aceptar, dos muertes tan seguidas destruyeron sus corazones.

Mientras esperaban la ambulancia se fijaron en todos los rasguños y se sintieron impotentes, cada uno de ellos llevaba la palabra "ayúdame" en su delicado cuerpo. Se les quitó la venda de los ojos, en su interior supieron que habían fracasado como padres protectores.

Los dos seres de luz distanciados en edad de fabricación, ahora tendrían casi la misma edad en la segunda fase de la vida, una que se les brindó al escribir el libro de la vida ante el que todo lo sabe.

CAPÍTULO XI

ÁNGEL MEDIANO IV
FINAL

PENSAMIENTOS DEL OGRO:

La belleza de la piedra era abrumadora, tanto que el posible no existir o la pérdida de tan valiosa pieza hacía estragos en sus entrañas. Gritos silenciados por una fina capa de cordura empapada de ácido; se mordía los labios pensando en alucinaciones que descomponían la realidad. Odio en aumento sin razón de ser, propiedades inexistentes y, ataduras en el ambiente para encarcelar el presente y el futuro, rompiendo la felicidad del pasado.

Vigilancia extrema evitando la mentira, corroyendo el pensamiento y transformando el amor en agonía. La fragilidad de las almas poseía un color próximo a la transparencia, sin poder reestructurar las roturas e incrementando la ligereza de la situación. El deterioro de la esperanza y confianza quebraban las posibles soluciones, jugando con las escasas piezas que aún tenía por jugar. El miedo de perder la fortuna colocaba demonios opinando sobre el único desenlace posible de la pureza inocente.

La decisión estaba tomada, el miedo de perder en vida lo

más preciado terminaría por quebrar la piedra y, dejar sin acceso a ella a toda criatura existente en el mundo. Sin ninguna duda, la naturaleza humana ganó la partida sin dejar vencedor en el camino del egoísmo.

DOLOR DEL ÁNGEL:

El dolor persiste sin cesar, sobre todo cuando los golpes no son la proyección de este. Son tantas las grietas que aplacan la fortaleza ya casi extinta, que la importancia de volver a salir a la superficie se esconde sin fuerzas detrás de la enorme coraza. Las gotas saladas dejaron de buscar el porqué de lo inhumano, se perdieron esperando ser motivo de alegría por última vez. Las alas rotas y colgadas en la pared en forma de trofeo estaban secas y gangrenadas por el efecto del dolor. Ella las miraba con nostalgia sonriéndoles, mientras los recuerdos de los vuelos nocturnos la liberaban de la elección errada que conduciría su vida a la muerte del latir.

Muchos fueron los ángeles que murieron en la guerra que libró durante tanto tiempo, dando la vida para rescatar a la hermana que en ella veían. Nunca pudieron derrocar el castillo que la separaba del aire puro, en los muros rebosantes de sangre y arañazos de antaño, donde aún se podían escuchar los lamentos y las plegarias para conseguir lo imposible. La muerte en vida resucitó la fallecida alma.

Volviendo a la realidad…

Ella percibió una voz calmante, que le susurraba que todo estaba listo para aceptarla en el fin de lo terrenal, eran susurros que barruntaba que podían ser solo imaginaciones propiciadas por el mal estado de los golpes. Quizás la locura estaba instaurándose en sus entendederas, dibujando en la mente algo distinto fuera de la realidad. Pero era muy placentero, tanto que se dejaba guiar y se agarraba a esa calma con esperanzas, ya carente de ánimos para seguir luchando, la victoria se la concedía a su captor. Ella había perdido a mucha gente importante en poco tiempo, pensar en el reencuentro le hacía sonreír dentro de su profunda amargura. La hija que no nació, muerta por el ogro que dio la semilla, se le presentaba en imágenes futuristas; ella ya andaba y la abrazaba pidiéndole que no luchara más y se acercara a jugar con ella.

—Gracias hija —repetía, con sus pocas fuerzas.

Esa noche fue dura, el sufrimiento de sus carnes se traducía en sudores, la fiebre subía a temperaturas reveladoras de que todo estaba mal.

La sonrisa de la maldad estaba resonando por todas las paredes, todos los seres despreciables estaban haciendo una fiesta para celebrar el fin de la bondad. Últimamente se estaban celebrando demasiadas juergas, los duendes reían a carcajadas al ver a la mujer joven agonizando.

La preciosa mujer dejó de oponerse, cuando vio que no valía la pena tanto sufrimiento y, sin más dilación dejó que el alma se alejara de su coraza, pero antes de que esto sucediera Dios le mostró unas revelaciones, unas imágenes y vivencias en primera persona; la primera fue el suicidio de su hermana pequeña, sintiendo cómo se escapaba el líquido de vida de su cuerpo, el calor del agua se apoderaba de sus sensaciones, sintió la paz al dejar todo ese horrible mundo. Lo mismo que su pequeño ángel había vivido.

Eran una en ese momento y de igual forma que su hermana pequeña vio esos videos, ella también los vio haciéndola recapacitar sobre la realidad de lo vivido. Las imágenes de su abuela mientras moría, la atormentaron viéndose reflejada en la continuidad de su vida hasta que, al fin, el último suspiro liberó esa bondad.

CAPÍTULO XII

CORAZONES QUEBRADOS

Puños cerrados llenos de desconfianza, mojados por ojos morados pidiendo clemencia.

Esperanzas sin sentido, recibidas y mezcladas con el odio sin fundamento.

Vejaciones hundiendo sentimientos esperanzados del amor más puro e ingenuo.

Disculpas omnidireccionales cortando la realidad de la razón sin tregua.

Autoestimas fragmentadas, sin consuelo ni capacidad de regeneración.

Vivencias inciertas extinguidas por el mayor de los ruidos jamás presentes.

Sentimientos mudos y corrompidos, por el proceder de la irrealidad más veraz.

Ausencias e interrogantes que terminan con el final de vidas quebradas.

La noticia de la rendición de la segunda creación destrozó el alma de la progenitora. Se quedó tan quebrada, que incluso el llanto no quiso hacer acto de presencia escondiéndose en el fuego eterno. En poco tiempo había perdido a dos hijas y a la matriarca. Su mente no albergaba consuelo ni comprensión alguna, solo se encontraba paralizada. Sus constantes vitales era lo único que la respaldaba en ese momento, pues todo lo demás estaba ausente.

El sinsentido se fijó en su persona, llevándola a un estado de locura tal, que las piernas y el cuerpo le dejaron de funcionar una vez estuvo sentada. La mirada al infinito la llevaría a su nueva condición de por vida, hasta que Dios decidiera llamarla para juntarse con sus queridos ángeles.

Su meditación absoluta, la llevó a revivir la proyección de los golpes que su padre le había infringido a su mamá durante su propia gestación. Era increíble que una mente aún en fabricación pudiera albergar tales recuerdos. Incluso revivió una ocasión donde estuvo saboreando la misma muerte; una vivencia casi mística al ver al mismo creador devolviéndola, sanando el alma y el cuerpo de ambas mujeres de la fatalidad, fruto de la cobardía de un ser quebrado. Ese fue el punto y final a un sufrimiento que Dios no permitiría que siguiera experimentando. Reconfiguró las mentes de ambos ángeles dejándoles disfrutar de algo tan merecido como la libertad y la felicidad sin límites. Con el tiempo, otro ángel en forma de cuidador sería mandado para ser el mejor amor de las vidas de las dos criaturas celestiales.

CAPÍTULO XIII

REVELACIONES DEL ÁNGEL DE LA SABIDURÍA

Ya llegaba el final, lo sentía a flor de piel y estaba deseando que la confusión terminara. Quizás Dios le estaba preparando algo inusual, y así fue, justo antes de partir le regaló unas imágenes olvidadas, unas diapositivas junto con unos videos cortos que resumían lo bueno y lo malo de su andanza.

El inicio de las revelaciones fue la primera vez que casi se despide de lo terrenal, cuando estaba en el baño y desgarró sus brazos para conseguir el final de su dolor. La visión del final estaba ya instaurada en su mente, pero gracias a la actuación casi milagrosa de su madre consiguió rozando el milagro su recuperación para seguir con su preciada vida. Daba gracias a Dios por no abandonarla en ese momento tan inmaduro de su vida y, gracias a eso vio en el futuro que el suicidio a tan pronta edad era un error que no podía cometer ningún ángel, puesto que la vida se arreglaba al pasar el tiempo y las soluciones eran miles antes de desear el fin.

Las siguientes imágenes fueron de su calvario con su novio, las múltiples palizas y el sufrimiento prolongado de una mujer. Algo que nunca debió de ocurrir. Por gracia divina, la vida le regaló fuerzas para dejar al demonio y encarcelarlo por su mala conducta en un mundo ciego en cuanto a leyes. Estaba inmensamente agradecida a su familia por otorgarle fuerzas renovadas y al fin conseguir superar otra etapa, pues muchas son las mujeres que no logran resistir..

Al terminar el resumen de la película de su vida, dio gracias a Dios por darle fuerzas para disfrutar de todo lo que le había dado al superar los baches del mal, y este sin previo aviso, le dio las gracias a ella por honrarle tanto y ser digna de ser un ángel precioso.

Al final todas las realidades se juntaron y todo cobró el sentido de la superación.